Janko Ferk

Peter Handke

Im Spiegel der Literatur

Band 14

LIT

Janko Ferk

Peter Handke

Begleitschreiben, Gespräche
und Zustimmungen

LIT

Coverbild: Foto von Janko Ferk
Autorenfoto: Martin Rauchenwald

Die Publikation wurde gefördert von

LAND KÄRNTEN
Kultur

KLAGENFURT
AM WÖRTHERSEE

∞
Gedruckt auf alterungsbeständigem Werkdruckpapier entsprechend
ANSI Z3948   DIN ISO 9706

Bibliografische Information der Deutschen Nationalbibliothek
Die Deutsche Nationalbibliothek verzeichnet diese Publikation in der
Deutschen Nationalbibliografie; detaillierte bibliografische Daten sind
im Internet über https://dnb.dnb.de abrufbar.

ISBN 978-3-643-51193-5 (br.)
ISBN 978-3-643-66193-7 (PDF)

© LIT VERLAG Dr. W. Hopf Berlin 2024
Verlagskontakt:
Fresnostr. 2   D-48159 Münster
Tel. +49 (0) 2 51-62 03 20
E-Mail: lit@lit-verlag.de   https://www.lit-verlag.de

Auslieferung:
Deutschland: LIT Verlag, Fresnostr. 2, D-48159 Münster
Tel. +49 (0) 2 51-620 32 22, E-Mail: vertrieb@lit-verlag.de

Inhaltsverzeichnis

1. Notiz zum Buch — 1
2. Der personifizierte Artikel sieben
   Peter Handke als Lipuš-Übersetzer — 3
3. Das Recht auf Bevorrechtung
   Selten geht ein Ruck durch das Leben einer Volksgruppe.
   Für die Kärntner Slowenen ging es im Jahr 2019 Schlag
   auf Schlag — 7
4. „Es gibt eine Geographie des Menschen"
   Janko Ferk und Michael Maier im Gespräch mit Peter
   Handke — 9
5. Peter Handkes „Wunschloses Unglück" — 23
6. Addendum
   Gespräch mit Hans Widrich, vornehmlich über Peter
   Handke — 33
7. Muttersprache — 37
8. „So machen Sie doch, was Sie wollen!"
   Abgeschriebenes und Authentisches von und zu Peter
   Handke — 39
9. Keine nacherzählbare Geschichte
   Peter Handkes nicht so „Großer Fall" — 43
10. Der (nicht)fotografierte Handke
    Lillian Birnbaums Wie-lebt-ein-Dichter-?-Monographie — 47
11. Der vierte „Versuch"
    Peter Handke über Stille und stille Orte — 51
12. Eine Geschichte für sich
    Peter Handkes „Versuch über den Pilznarren" — 55

13. Eine einfache Fahrt ins Landesinnere
    Peter Handkes „Obstdiebin" 59

14. Eine Geschichte, die er noch keinem erzählt hat
    Peter Handke spannt einen Bogen von der Antike in die
    Jetztzeit 63

15. Zwei Bücher zum hohen Geburtstag eines Meisters
    Peter Handkes „Kleine Fabel" und ein Notizbuch 67

16. Gustav Januš verwandelt Worte in Farben
    »Gesammelte Gedichte« zum »runden« Geburtstag mit
    Übersetzungen Peter Handkes 71

17. Es gibt den ungeheuren Anderen
    Gedichte von Alfred Kolleritsch mit einer Einleitung von
    Peter Handke 75

18. Hiermit geschieht Recht
    Der österreichische Staatsvertrag und die Kärntner
    slowenische Literatur seit 1945
    Anstatt eines Nachworts 79

19. Nachweise 83

1. Notiz zum Buch

Vor fünf Jahren, am 10. Oktober 2019, wurde dem Kärntner (Slowenen) Peter Handke von der Schwedischen Akademie der Nobelpreis für Literatur zugesprochen.

Für mich ist es – zum Fünfjahrestag - der Anlass, aus meinem Handke-Archiv exemplarische, wie der Meister sagen würde, Aufsätze beziehungsweise andere Bestand(s)-Teile auszuwählen und zu diesem Band zusammenzustellen oder vielmehr zusammenzufügen.

Peter Handke hat den Nobelpreis „für ein einflussreiches Werk, das mit sprachlicher Genialität die Peripherie und die Spezifität der menschlichen Erfahrung erforscht", wie es in der Akademie-Begründung heißt, erhalten.

Er ist im Leben und beim Schreiben ein eigenständiger und nichtnachahmbarer oder plagiierbarer Monolith, ein Mann mit eigenem Stil.

Die Monographie habe ich mit dem Untertitel „Begleitschreiben, Gespräche und Zustimmungen" versehen. Die Begleitschreiben beziehen sich auf einen Brief Peter Handkes vom 9. Dezember 2022 an mich, in dem er meine Rezensionen als solche bezeichnet. In das Buch aufgenommen habe ich zwei Gespräche. Das erste (und lange) haben Michael Maier und ich mit Peter Handke im Dezember 1991 in seinem Haus in Chaville bei Paris geführt. Das zweite habe ich Jahre später, und zwar im November 2019, mit Hans Widrich, einem der besten Freunde Handkes, aufgenommen. Der niedergeschriebene Gedankenaustausch ist das „Addendum" zum Handke-Kapitel in der Erzählung „Mein Leben. Meine Bücher". Die Zustimmungen begründen sich von selbst, wenn man diesen Band liest.

Das Gespräch mit Peter Handke ist zuerst im Band, den ich mit Michael Maier im Jahr 1993 herausgegeben habe, erschienen. Das Buch war nach kurzer Zeit vergriffen. Ich weiß heute nicht, warum ich nicht eine weitere Auflage betrieben habe. Die Aufnahme in diese Monographie soll das Gespräch aufs Neue zugänglich machen. Es ist noch immer auf seine Art heutig. Erwähnen möchte ich, dass Peter Handke in seiner charakteristischen Art mit stockenden und zögerlichen Sätzen, aber uneingeschränkt druckreif, geantwortet hat. Ein sogenanntes Redigieren war nicht erforderlich.

Gestreift habe ich auch Schriftsteller, deren Arbeit(en) Peter Handke schätzt, nämlich Gustav Januš, Alfred Kolleritsch und Florjan Lipuš, sowie die Kärntner slowenische Literatur. Die Aufsätze verweben sich wechselseitig zu einem Bild über die literarischen Intentionen – und das Wirken - des Nobelpreisträgers.

Mit Peter Handke ist erstmals die slowenische Sprache in die Schwedische Akademie in Stockholm eingezogen, als er seine Nobelpreis-Rede zum Teil in der Sprache seiner Mutter hielt. Dieser Band soll ihn – fünf Jahre später - auch dafür ehren.

Klagenfurt/Celovec, vor dem Sommer 2024   J. F.

2. Der personifizierte Artikel sieben

Peter Handke als Lipuš-Übersetzer

Manès Sperber schreibt seine Romane in deutscher und seine Essays in französischer Sprache. Über sein Doppelleben als Emigrant weiß er zu berichten: „Ich habe gelernt, in zwei Sprachen zu schreiben – glückliche Schriftsteller schreiben in einer." – In diesem Sinn ist der Kärntner slowenische Schriftsteller Florjan Lipuš bestimmt kein glücklicher, zumal er (erstens:) nur auf Slowenisch schreibt und (zweitens:) in einem Land lebt, in dem sich viele geradezu genieren, wenn nicht gar ekeln, außer ihrem Deutsch auch noch die zweite Landessprache, nämlich das Slowenische, von Kind auf gelernt zu haben. Deshalb ist der Peter Handke-Satz aus dem Jahr 1967 über die Situation von 1957 ein überaus treffender und bis ins Letzte richtig formulierter. Handke schreibt: „Einer Minderheit bei uns, die eine slawische Sprache von Kind auf gelernt hatte, wurde von uns andern geraten, doch in das Land zu gehen, wo die Mehrheit diese Sprache spreche." – Lipuš ist, wie er selbst gern zugibt, nur aus einem Grund glücklich (und auch stolz), und zwar, weil ihn sein berühmter Kollege Peter Handke übersetzt hat.

Das übersetzte Buch, „Der Zögling Tjaž", ist seit Ende März nicht nur den an Literatur interessierten Österreichern ein Begriff. Ende März, genauer gesagt, am 31. dieses Monats, wurde der Roman unter der „Assistenz" von Bruno Kreisky im Museum des 20. Jahrhunderts vorgestellt. Über eintausend (!) Leute waren gekommen – und die allermeisten nicht wegen ihm, sondern vielmehr wegen Peter Handke, der nun schon wieder einige Zeit in Österreich lebt, in Salzburg, und trotzdem noch immer als Exot (im besten Sinn des Worts) gilt.

Vom anwesenden Bundeskanzler hat wegen seines Augenleidens wohl niemand eine literarische Würdigung des Romans ernsthaft erwartet. Er hat auch, wie er bekannte, bloß einige Seiten daraus gelesen. Bruno Kreisky wäre denn auch nicht der richtige Marcel Reich-Ranicki – bei allem Respekt für sein Interesse an der deutschsprachigen Literatur – für ein slowenisches Buch, wenn auch ein übersetztes.

Dennoch hat Bruno Kreisky einige wichtige Sätze gesagt, die wiederholt werden sollen. „Ich danke Peter Handke, dass er denjenigen hilft, die dafür eintreten, dass den Angehörigen dieser kleinen, aber so begabten Minderheit jenes Recht wird, das ihr im formalen Bereich zwar nicht vorenthalten wird, aber dort, wo das Recht zum Faktischen wird, nicht immer gewährt wird." Und weiter: „Eine Minderheit hat nicht das Recht auf Gleichberechtigung. Eine Minderheit hat das Recht auf Bevorrechtung."

Hoffen wir, dass der Bundeskanzler hier nicht nur leere Phrasen zum Besten gab, sondern ehrlich bemüht ist, den Kärntner Slowenen zumindest so viel Recht angedeihen zu lassen, wie viel die Südtiroler längst genießen.

Während der Lesung hat Florjan Lipuš über die Entstehung des Romans gesprochen und eine Seite aus dem slowenischen Original gelesen. Darauf hat Peter Handke ein ganzes Kapitel in einer ungemein schönen Sprache vorgetragen und danach noch drei Gedichte des Kärntner Slowenen Gustav Januš, womit er den falschen Eindruck, die Kärntner Slowenen hätten nur einen einzigen Dichter, von Anfang an zerstreuen wollte.

Den Roman „Zmote dijaka Tjaža", wie der slowenische Titel lautet, hat die jugoslawische Založba Obzorja im Jahr 1972 in Maribor herausgegeben. Aber damals war es noch sehr still um das Buch. Nicht einmal die beiden Kärntner slowenischen Wochenzeitungen haben eine Zeile darüber geschrieben, von einer richtigen Buchrezension (oder etwas Ähnlichem) ganz zu schweigen. Auch Wolfgang Schaffler, der Chef des Salzburger Residenz Verlags, hat bisher ausgesprochen wenig Interesse für die slowenische Literatur, die in Österreich entsteht, gezeigt. Vor dem Erfolg Peter Handkes, slowenischer Literatur die Tore in den Residenz Verlag zu öffnen, und damit zumindest in den deutschen Sprachraum, sind andere vor ihm abgeblitzt. Man hat ihnen beschert, man verlege ausschließlich deutsche Literatur.

Peter Handke hat bereits vor dem Erscheinen des Buchs Übersetztes von Florjan Lipuš veröffentlicht, um ihn einmal mit der österreichischen Öffentlichkeit und zum Zweiten mit einer größeren bekannt zu machen.

Den Übersetzer kennt man. Weniger bekannt war bisher der im Jahr 1937 im zweisprachigen Lobnig/Lobnik bei Eisenkappel/Železna Kapla geborene Florjan Lipuš. Er studierte in Klagenfurt/Celovec vier Jahre lang Theologie, nachdem er das Internat Tanzenberg überstanden hat, und lebt heute mit seiner Familie in Leppen/Lepena, in der Nähe seines Geburtsorts, als Volksschullehrer. Er ist Chefredakteur der Literaturzeitschrift „mladje" und Autor mehrerer Bücher, die durchwegs in Slowenien erschienen sind.

Der Roman ist verschlüsselt autobiographisch. Der Held des Buchs, Tjaž, ist eine erfundene Gestalt mit starken Zügen aus dem Leben des Autors. Anlehnungen an berühmte(re) Vorbilder sind zu erkennen. An Oskar Matzerath, die Grass-Figur, die mit ihrer Stimme Glas zum Zerspringen bringt und Musils Törleß – und vielleicht noch wen. Das Tjažsche Gegenstück Oskars ist seine Fähigkeit zu kratzen. Der Kratzer zerkratzt nicht nur Glas, sondern auch Schuhzeug, und sich erkratzt er mit seiner Beschäftigung einige Freiheit.

Der Roman erzählt – wie gesagt – vom Zögling Tjaž. Er ist der Sohn eines Holzfällers und einer Magd. Der Vater wird Soldat im Hitler-Krieg und die Mutter verbrennt in einem der Konzentrationslager des - vom Großkapital an die Macht gebrachten - wahnsinnigen Malers aus Braunau. Tjaž lebt als Kind eine Zeitlang allein mit seiner - im Sterben liegenden - Großmutter. Den Heranwachsenden bringt der zurückgekehrte Vater später in einem Internat unter. Tjaž ist ein kleinwüchsiger und unauffälliger Mensch. Nur die Fähigkeit, ein „Kratzer" zu sein, hebt ihn von den übrigen deutlich ab. Mit seinen Kratzereien stört er die Alltäglichkeiten und bringt vieles gehörig durcheinander. Darüber hinaus kratzt er sich selbst frei. Schließlich gerät er mit der peinlich strengen Heimordnung in Konflikt. Als ihn die Heimleitung hinauswirft, irrt er durch die Stadt. Am frühen Morgen stürzt er sich von der Terrasse eines Hochhauscafés und bleibt tot am Gehsteig liegen. Fazit: Der erste Tag in der Freiheit war für ihn zugleich der letzte.

Das Buch – geschrieben mit einer Stimme der Empörung, des Hohns, der Verletztheit und der eines Slowenen – bedeutete für die slowenische Literatur - nicht nur in Kärnten - etwas Neues. Dieser Roman war für die formale und inhaltliche Entwicklung des slowenischen Literaturschaffens äußerst wichtig – und er ist es noch. – Die Aktualität ist nicht nur darin zu finden, dass die dargestellten Erziehungsmechanismen nach wie vor gültig sind. – Handke wird dem Slowenischen mit seiner rituellen Sprache gerecht, fast könnte man sagen, ein „neuer Handke". – Und hier sind noch all jene, die behaupten, das sei eine Übersetzung, zu korrigieren. Ich muss mich selber verbessern und behaupte, hier geht es um eine „literarische Gattung", die heute schon sehr selten ist, um die Nachdichtung. (Handke übertrifft immer von Neuem sich selbst.)

Ich – als Kärntner Slowene – weiß nicht, welches schönere Kompliment, nein, vielmehr, welchen schöneren Dank ich ihm, Peter Handke, abstatten könnte, als den: Er ist der personifizierte Artikel sieben. Nicht der, der im unerfüllten Staatsvertrag von Wien aus dem Jahr 1955 steht, nicht der, den die Politiker genug oft schon in den Staub getreten haben, der in Form von zweisprachigen Ortstafeln in den Dreck gestürmt wurde, nein, ich denke an den, den Peter Handke, der Kärntner aus Griffen, anfängt zu erfüllen. Hiermit geschieht Recht.

„Von den Handflächen schuppen die Schwielen ab." Dem Schriftsteller Florjan Lipuš garantiert.

Florjan Lipuš
Der Zögling Tjaž
Roman
Deutsch von Peter Handke und Helga Mračnikar
Leinen mit Schutzumschlag, 248 Seiten, ATS 225,00
Residenz Verlag, Salzburg und Wien 1981

3. Das Recht auf Bevorrechtung

Selten geht ein Ruck durch das Leben einer Volksgruppe. Für die Kärntner Slowenen ging es im Jahr 2019 Schlag auf Schlag

„Eine Minderheit hat nicht das Recht auf Gleichberechtigung. Eine Minderheit hat das Recht auf Bevorrechtung", sagte Bundeskanzler Bruno Kreisky am 31. März 1981, als er im Museum des 20. Jahrhunderts in Wien das Buch eines Kärntner slowenischen Schriftstellers vorstellte. Peter Handke hatte – zur Auffrischung seiner Slowenischkenntnisse – den Roman „Der Zögling Tjaž" von Florjan Lipuš ins Deutsche übersetzt und damit einen Aufschwung der Kärntner slowenischen Literatur ausgelöst, wie sie ihn davor nicht erlebt hatte, und danach auch nicht mehr.

Im Leben einer Volksgruppe geht nur selten ein Ruck durch sie, obwohl er für das Weiterbestehen so wichtig ist. Wenigerheiten, anders will ich sie nicht nennen, sind immer eine gefährdete und vom Aussterben bedrohte Gattung, weshalb Bruno Kreisky uneingeschränkt beizupflichten ist.

In den fast vier Jahrzehnten seit der Verkündigung der Doktrin Kreiskys habe ich eine Bevorrechtung nie erlebt. Schon das bisschen Gerechtigkeit und Recht, das den Volksgruppen widerfuhr, ließ frohlocken, wozu mir *ad hoc* zwei Ereignisse, die man ruhig historische nennen kann, einfallen.

Im Jahr 2011 hat Bundesminister Josef Ostermayer unter Assistenz von Landeshauptmann Gerhard Dörfler in Kärnten endlich zweisprachige Ortstafeln aufgestellt, und in der zweiten Jahreshälfte 2014 war Ana Blatnik Präsidentin des Bundesrats. Danach ging es erst im Herbst 2019 wieder Schlag auf Schlag.

– Kärntner Sloweninnen und Slowenen dürfen Peter Handke aus Griffen/Grebinj dazuzählen. Die Begeisterung der Volksgruppe über den Nobelpreis für ihn kennt keine Grenzen. Mit Handke ist erstmals die slowenische Sprache in die Schwedische Akademie in Stockholm eingezogen, als er seine Rede zum Teil in der Sprache seiner Mutter hielt.

– Ein Kärntner Slowene, Josef Marketz, wurde vom Papst zum Bischof der Diözese Gurk-Klagenfurt ernannt. Er wird es mit Gewissheit für alle Menschen in seinem Regierungsgebiet sein.
– Eine Kärntner Slowenin, Angelika Mlinar, der Österreich die Doppelstaatsbürgerschaft bewilligte, wurde Ministerin in der Republik Slowenien.
– Martin Kušej ist der erste Kärntner slowenische Burgtheater-Direktor in Wien. Chapeau!

Letztlich klingt auch das Programm der österreichischen Bundesregierung 2020–2024 für die Volksgruppen recht verheißungsvoll. Unter anderem wird die zweisprachige Gerichtsbarkeit in Kärnten, die unter dem Schutz unserer Verfassung steht, garantiert. In diesem Zusammenhang sei erwähnt, dass der Bundesminister für Justiz kürzlich nach langer Zeit wieder einen zweisprachigen Richteramtsanwärter für den Sprengel des Oberlandesgerichts Graz in den Dienst übernommen hat.

Ich bin der Letzte, der Schönfärberei betreiben will. Und ich bin der Allerletzte, der ewige Jammerei gutheißt. Positives ist anzuerkennen, Missstände sind zu kritisieren. Die Erfolge aus der Bestandsaufnahme 2019 sind in keinem Fall solche der Parteien oder der Politik.

Diese darf ich höflich – und unter Hinweis auf die Kreisky-Doktrin – dazu ermuntern, Sorge zu tragen, dass die Kärntner slowenische Wochenzeitung „Novice" endlich ohne pekuniäre Sorgen erfolgreich weitermachen kann. Die Zeitung ist für die Seele und das Wohl der Volksgruppe von größter Bedeutung. Dann wird auch das Jahr 2020, wie das vergangene, zu den besonderen im Leben Österreichs und seiner Volksgruppen zählen.

4. „Es gibt eine Geographie des Menschen"

Janko Ferk und Michael Maier im Gespräch mit Peter Handke

Es sind drei Orte, denen Peter Handke im „Gedicht an die Dauer" besondere Bedeutung zumisst, die für ihn Dauer erhalten haben: Der Griffner See, die Porte d'Auteuil in Paris und die Fontaine Sainte Marie in einem Wald in der Nähe von Paris – Orte, die Leben und Ruhe in sich haben, kleine, scheinbar unauffällige Orte, aus deren Erinnerung der Dichter aber lebt.

Janko Ferk/Michael Maier: Im „Gedicht an die Dauer" zeigt sich Ihre starke Abneigung gegen eine Verherrlichung der Geschichte, die für Sie eher ein bedrohlicher Moloch ist. Heute hört man allerorten den Hinweis, dass man in einer „historischen" Zeit lebe, dass man Zeuge „geschichtlicher Umwälzungen" sei. Wie empfinden Sie die Entwicklungen der vergangenen Jahre?

Peter Handke: Man kann nur begrüßen, was passiert ist, dass die Gewaltherrschaften im Osten verschwunden sind, zumindest auf ihre Art. Man kann auch auf keinen Fall dagegen sein, dass die zwei deutschen Teile wieder ganz geworden sind. Dies und jenes, es grenzt an das Wunderbare. Im Verfolg dessen aber gibt es nicht nur bedenkliche, sondern grausige Geschehnisse, die das alte Misstrauen aufleben lassen gegen das, was man Geschichte nennt oder Historie. Ich habe persönlich überhaupt keine Sympathie für jedweden Nationalismus, außer vielleicht in gewissen Zwangsfällen der Geschichte, wo ein Volk es nötig hat, sich zu behaupten in der Sprache, in der Eigenart, in der Landschaft. Da kann ich Nationalismus gut verstehen. Wenn die Not und die Notwendigkeit aber wegfällt und sich der Nationalismus dann ausbreitet aus Mutwillen, aus Langeweile, aus Mangel an Sinn, dann finde ich das sehr unglückselig, und das kann dann zu jenen Tragödien führen, wie wir sie jetzt erleben, und zwar nicht nur in Jugoslawien.

Glauben Sie nicht, dass angesichts eines vereinten Europa die Angst besteht vor einem Einheitsbrei, dem man mit nationalem Gefühl begegnen zu können glaubt?

Das ist etwas Neues. Sie sagen: Aus dem Horror der Nivellierung verstärkt man das Nationale. Mir kam eher vor, dass das Streben der kleinen Völker Jugoslawiens nach dem sogenannten Europa, nach dem Westen, nicht geschah, um die nationale Einheit zu bewahren, denn die war ja da. Ich habe die Slowenen, auch wenn sie nur in einem Teilstaat lebten, immer völlig für sich gesehen, so wie die Kroaten und die anderen auch – da habe ich überhaupt keine Gefahr gesehen, dass die einzelnen Völker innerhalb des Staates Jugoslawien jemals ihre Eigenheit verlieren könnten. Der große Magnetismus geht automatisch von der modernen, westlichen Welt aus, die man einmal „kapitalistisch" genannt hat. Das ist nicht zu vermeiden, aber andererseits ist die Staatserklärung immer kleinerer Völkerschaften kein Heilmittel gegen diesen fürchterlichen Mechanismus der Nivellierung und des Seelenfraßes.

Würden Sie sagen, dass es ein gewisses Maß an Spannung zwischen Sprachen oder Kulturen in einem Gebilde namens Europa einfach immer geben wird?

Ich empfand Jugoslawien immer als das Gegenteil von einem Turmbau von Babel, wo die verschiedenen Sprachen den Turmbau zum Stoppen gebracht haben. Im Gegensatz dazu fand ich diese Sprachenvielfalt von slawischer, albanischer, ungarischer oder auch rumänischer Sprache in Jugoslawien als fruchtbar, als ob das eher ein Turm himmelwärts gewesen wäre. So habe ich es empfunden – jedenfalls nicht als Hindernis. Natürlich gibt es Reibereien, auch Animositäten, so wie es das bei uns in Kärnten zwischen Ober- und Unterkärntnern gibt. Je primitiver ein Mensch ist, desto mehr wird er auf diese kleinen Unterschiede hören – sie werden ihm die Welt bedeuten. Wenn ich bei uns in Griffen in den Bus eingestiegen bin, hat man das schon bemerkt: In Griffen hat es die „Windischen" gegeben, und bei jenen, die von Sankt Andrä oder Wolfsberg kamen, hat man den Unterschied im Dialekt gehört. Bei den Kindern haben die Reibereien schon wegen der verschiedenen Dialekte angefangen. In Pustritz, das ist etwa acht Kilometer von Griffen weg, war schon ein völlig anderer Dialekt. Dadurch war zwischen den Kindern Feindseligkeit. Was aber bei Kindern möglich ist, das darf man bei Erwachsenen nicht durchgehen lassen.

Was an Ihrer Art der Wanderschaft auffällt, ist, dass Sie einen sehr praktikablen Heimatbegriff zu haben scheinen, der nicht an eine Sprache oder an eine Region gebunden ist, sondern der sich seine Heimat selbst schafft, erwirkt ...

Ich habe keinen Heimatbegriff. Ich habe nie eine Heimat *gehabt* in dem Sinn – erst im Nachhinein habe ich gewusst: Das war Heimat, so, wie es vielleicht vielen von uns geht. Da ist diese Kinderlandschaft, da sind vielleicht die bestimmenden Jahre von vier bis dreizehn. Ein Kind denkt noch nicht: „Heimat". Nachher ist man herausgerissen und fängt zu trauern an. Man weiß, das war „Heimat". Aber mit der Heimat geht man immer herum, durch die Welt, dort und dort. Bei manchen, die nach Alaska verschlagen werden, ist sie vielleicht leuchtender in der Brust drinnen als bei den immerfort Ansässigen, die mit der Heimat umgehen wie mit einem Schießpulver: Wehe, Du bist nicht Heimat, wie ich Heimat bin, dann bist Du ein Fremder!

Auch Slowenien war für Sie Heimat …

Slowenien ist meine Geh-Heimat. Es ist eigentlich schön, wenn man von einem Land sagen kann, das ist meine Geh-Heimat. Im „Gehen-dort" bin ich zuhause. Ich habe das nirgends so erlebt wie in Slowenien, dass ich im Gehen zuhause war, nicht einmal in Frankreich, in keinem Land.

Was war es – die Landschaft, die Sprache?

Die Sprache ist mir sehr lieb, die Landschaft, der Wind. Auch das Gefühl, dass irgendwann einmal meine Vorfahren dort gelebt haben, die ich nicht weit zurückverfolgen kann, weil mein Großvater unehelich und Knecht war. So stelle ich mir vor, dass da irgendeinmal die Vorfahren heraufgekrochen sind nach Kärnten, oder geflüchtet, das weiß ich nicht genau. Jeder braucht so eine Vorstellung im Leben, eine Zeitlang. Und dann ist es wie eine Krücke, die man nicht mehr braucht, man aber doch froh ist, diese Vorstellung gehabt zu haben. Sie gehören ja zum Leben – die Vorfahren, auch wenn sie im Dunkeln verschwinden. Nur darf man sich nicht ein Leben lang darauf stützen. Es kommt dann immer der Moment, wo aus den Vorfahren eine Ideologie wird, aus diesem tiefen Gefühl, über das man kaum reden kann. Dann hat man dieses Gefühl nicht mehr und glaubt, man muss daraus eine Ideologie machen, man muss aus den Krücken einen Schlagstock machen.

Dann wird alles gefährlich, was mit Heimat zu tun hat, wenn das wirklich tiefe, stille Gefühl aufhört, das fast keine Sprache hat, nur manchmal einen Summton, nicht einmal ein richtiges Lied. Wenn das aufhört, ist man verloren. Aber weil man nicht verloren sein will, macht man aus diesem verlorenen Gefühl eine Hacke für den anderen. Auch Gerüche sind wichtig, und ein Licht, so wie für die Leute im Gailtal, dort bei Nötsch oben: Dieses Licht in der Landschaft, dieser Schimmer, der vom Dobratsch kommt, weil er so hell ist, fast kristallines Gestein, Kalk, dieses Licht geht so von unten herauf, das ist einzigartig! Die Leute aus dem Unteren Gailtal werden dieses Licht immer mit sich herumtragen, vielleicht nicht alle, aber einige wenigstens.

Bei uns im Jauntal ist es weniger das Licht, da ist es die Form der Saualpe, die man vom Griffnertal aus sieht, die, endlos, bis in die Steiermark hinaufgeht, – die wird eher bestimmend sein. Und die Stille des Felds – damals noch! – zwischen Griffen und Ruden, das hat mich sehr bestimmt, diese Stille am Abend, wo die helle Landstraße durchgeht, und die Fichtenwälder, und natürlich auch die Bauten – wie die romanische Kirche von Stift Griffen, mit den Rundbogen – die Formen bestimmen auch, wenn man sich das klarmacht, und wenn man nicht aggressiv gegen die anderen ist.

Sie sprechen sehr detailliert von Kärnten. Sie beschreiben Orte, die für Sie „Dauer" bekommen haben, wie etwa die Porte d'Auteil oder die Fontaine Sainte Marie. Ist das eine für Sie etwas Ererbtes und das andere das Hinzugekommene oder wird beides im Rückblick gleich wichtig?

Wie Sie sagen: gleich, gleich wichtig. Es ist so, wie ich in der „Wiederholung" damals geschrieben habe, es ist so, als ob der Feldweg, der dort auf einem steinigen Acker beim Stift Griffen verläuft, unter die Erde geht, und dann, hinter den Karawanken, im Karst wieder herauskommt. Ich spreche jetzt von mir, nur als Beispiel: Wenn man aus dem Wallersberg, aus dem Wald dort, herauskommt, kommt man auf einmal in ein Dorf, in ein Dorf namens Sankt Jakob, wo ich als Kind nie war. Aber ich habe immer die Rand-Bauernhöfe gesehen am Wald, und es hat mich sehr angezogen, weil ich nie dort war, weil es schon über der Grenze ist, die ein Kind normalerweise zu Fuß ausmisst. Es gibt dann die geheimnisvollen Häuser und Dörfer jenseits dieses Kreises der Kindheit, die einen sehr beschäftigen. So könnte ich sagen: Was ich damals beim Gehen aus dem Wald in dem Licht als Dorf erfuhr, wo ich nie wirklich darin war, das hat sich erweitert zu der Porte d'Auteuil in Paris, einer Art Pforte, einer Stadtausfahrt in Richtung Meer, in Richtung Bois de Bologne. Es gilt so eine seltsame Geographie des Menschen im Lauf seines Lebens, wo sich eine Landschaft öffnet auf die andere. Das wird jeder erfahren im Älterwerden, es ist zum Glück so, dass man nicht fixiert ist auf die Scholle, auf das, was man eben „Scholle" nennt.

Gibt es für Sie so etwas wie biografische Spurensuche, dass man zurückkehrt zur Scholle? Empfinden Sie Schmerz, wenn sich etwas sehr stark verändert hat? Zum Beispiel der Griffner See: Angenommen, der wäre zerstört worden – hätte Sie das berührt im Sinn eines persönlichen Verlusts?

Ja, das Wort Schmerz ist erst einmal richtig, aber dazu kommt etwas Schlimmeres, etwas wie ein Grausen – sich vorzustellen, dass ein naturgegebenes Landschaftssegment nicht mehr ist, eines, wo man wie im Garten Eden, wie in einer Modellwelt die kleine Schöpfung sehen kann. Das konnte man damals am Griffner See: Im Kleinen hat man die Schöpfung erlebt, im Hören, im Riechen – wie beim jungen Schilf, das Hasch geheißen hat, wenn man es gebrochen hat – dieser Geruch wird mir nie verloren gehen! In den Wasservögeln, in den kleinen Bibern, die es da gegeben hat im See, in all diesen Formen ist im Kleinen eine Weltlandschaft dagewesen. Und jetzt zu sehen, dass es verschwindet, dass das Seewasser, das doch durchflossen war von dem Bach, das doch lebendiges Wasser war – dass dieses Wasser stirbt, das ist wirklich ein großes Grausen.

In diesem Zusammenhang fällt einem auch das Wort „ozara/Ackerwende" ein, das Sie gebrauchen. Welche Bedeutung hat es für Sie?

Es ist ein Bild der Scholle der Geschlechter, der Vorfahren. Entstanden, als damals noch mit der Hand gearbeitet wurde, wie entweder der Pflug oder die Egge umgewendet worden sind: man sieht sozusagen noch die Kurven vor sich. Man spürt die Wende, man sieht einen Ort, der normalerweise eigentlich keinen Namen hatte und dadurch auch kein Bild war, den habe ich im Grund erst entdeckt durch das slowenische Wort „ozara" oder „ozare" im Plural. So ist für mich ein Ort entstanden. Durch das deutsche Wort „Ackerwende" hätte ich da nichts gesehen. Auf einmal habe ich das vor mir gehabt. Deswegen: die wunderbare Vielfalt der Sprachen! Es ist etwas Herrliches, dass eine Sprache etwas nicht hat, was die andere hat, aber auf eine gewisse Weise ergänzen einander alle. Ich glaube eher, dass diese Sprachenverwirrung – um auf den Turm von Babel zurückzukommen – zuerst etwas sehr Bestürzendes, im Wortsinn hat. Aber, auf die menschliche Ewigkeit bezogen auch etwas sehr, sehr Fruchtbares ist für die Völker –

sich untereinander auszutauschen, bis in die Winkel der Sprache, die auch die Winkel der Welt sind. So war das damals in dem Jahr, als ich versucht habe, das Slowenische ein bisschen zu lernen, weil es schön ist, die Orte der Landschaft bezeichnet zu finden, die für mich vorher keine Orte waren. Dadurch, dass sie bezeichnet waren, sind sie Orte geworden. In Slowenien und in Südkärnten, da sehe ich die unscheinbaren Orte gut - sie bekommen eine Bedeutung. In Frankreich haben die kleinen Orte für mich keine Bedeutung, aber in Slowenien und Kärnten haben Sie für mich Bedeutung, die unscheinbaren, die nicht pittoresken Orte, von denen die Menschen am meisten leben. Wenn man sagt: Ja, da war doch dieser Weg, weißt Du noch, da war so ein kleines Dreieck in der Mitte, wo die Wege zusammengekommen sind – da kann man alle Leute zum Reden bringen, nicht nur zum Reden, sondern zum Erzählen. Wenn einer der Politiker das Geheimnis beherrschen würde, wenn ein Politiker Erzähler wäre, dann wäre vieles nicht so arg geworden – der würde die Leute zum Erzählen bringen, und Erzählen ist Versöhnen.

Sie reagieren sehr sensibel und schöpferisch auf ganz kleine Details der Landschaft. Was bedeutet es für Sie, nach zehn Jahren den Ort zu wechseln und zu sagen: Jetzt gehe ich nach Paris! Ist es ein bewusstes Herausreißen?

Erst einmal ist hier überhaupt nicht Paris. *(Anm. J. F.: Handke lebt in einem Vorort.)* Paris ist ja schon sehr weit weg, obwohl es nicht weit weg ist. Es ist ja fast schon Land hier. Und zweitens war Paris die erste Stadt, wo ich Weite gespürt habe, wo ich mich nicht beengt gefühlt habe, beengt von mir selber vor allem. Es waren sicher auch die Farben, das Grau von Paris, die Weite der Straßen, und auch der Krach, so wie ich es auf andere Weise in Piran einmal gespürt habe, wo ich mich selber gefühlt habe, wie Doderer es sagt von einem Helden: Endlich fühlte er sich losgelegt vom Fall des eigenem Ich.

So ging es mir in Paris als Zwanzigjährigem, und damals in Piran auch, als ich zum ersten Mal – ziemlich spät mit zweiundzwanzig! – das Meer erlebt habe mit den Steinblöcken dort am Hafen. Ich bin dort gesessen und ich hätte eigentlich die ganze Zeit dort sitzen können. Endlich war ich mich los, und umso mehr war ich auf der Welt. Und auf eine Weise ging es mir mit Paris sehr lang genauso. Ich habe die Wälder hier in den Vororten sehr gern. Die Wälder haben hier keine Bedeutung wie in Österreich, aber auch keine Bedeutung in dem Sinn, dass man Angst haben muss, dem Alpenverein zu begegnen. Obwohl hier alles viel mehr zivilisiert ist, ist es unschuldiger – das ist paradox. Es ist auf eine Weise anonymer, so, dass man sich frei fühlen kann in der Anonymität, ohne allerdings darin zu verschwinden. Ich habe die Vororte von Paris auch deshalb sehr gern gehabt, weil meine Tochter hier zur Schule gegangen ist. Durch die Natur, die ich dann mit dem Älterwerden doch zu brauchen angefangen habe, nicht in der Form der unbedingt schönen Natur, wie man sie aus Österreich kennt, eher ein bisschen verwahrlost und unauffällig. Und doch konnte man hören, wie der Wind durch den Baum geht, wie die Blätter sich bewegen, sehen, wie die Edelkastanien ausschauen – hier ist eine Edelkastaniengegend – wie sie fallen, man kann sie sammeln. Natürlich ist es hier nicht ideal, natürlich hätte ich es vorgezogen, wenn es mir gelungen wäre, in Österreich zu bleiben. Ich habe fast neun Jahre in Salzburg gelebt, aber es ist mir nicht gelungen. Ich habe gespürt, dass ich selbst das Schwarz-Weiß-Denken, das Feind-Freund-Denken annehme, das ich bei den anderen doch entsetzlich gefunden habe, dass ich immer „lederner" geworden bin, beschränkter auch, aggressiver auf eine Weise. Aus Sorge um das eigene Seelenheil habe ich gedacht: Ich gehe auf Reisen, ich gehe auf Wanderschaft.

Was in Ihrer ganzen Arbeit als äußerst wichtig erscheint, ist die Beschäftigung mit der eigenen Kindheit, ein Thema, das auch sonst die Literatur sehr befasst: dass Bilder aus der eigenen Kindheit ein Leben lang gesucht werden. Kann es sein, dass Literatur da etwas menschlich sehr Wichtiges macht, nämlich den Versuch, die eigene Kindheit bewusst werden zu lassen?

Sehr schwierig zu entscheiden, denn die Kindheit wird verbindlich für den anderen ja doch nur, wenn er sein eigenes Muster miterlebt. Aber wie erlebt er das mit? Manchmal im Widerspruch, manchmal im Gegensatz, manchmal im „Ja, ich auch". Am fruchtbarsten ist oft beides zusammen, dass der Widerspruch erzählt wird und zugleich das Identische zwischen Schreiber und Leser. Ich selber spüre auch eine Gefahr, mich zu reduzieren, wenn ich mich nur zurückziehe auf meine Kindheitsmuster, ich möchte schon weitergehen. Die Bücher, die nur mit Kindheit zu tun haben, sind zwar oft die am meisten erfrischenden, sie sind aber auf eine gewisse Weise unbefriedigend, weil mit den Augen eines Kinds alles in Ordnung ist. Aber es kommt vieles nicht vor – ich sage das extra so vage -, was ich beim Lesen gern dabeihätte: die Liebe, das Tragische, das Zittern, die Angst, das Älterwerden. Ich glaube nicht, dass es die Aufgabe der Literatur ist, die Kindheit durchzumustern und dem anderen als Angebot hinzuzuerzählen. Es ist eine Möglichkeit, aber eine in vielem zu billige, als ob man, wenn man älter wird, nicht mehr hätte als die Kindheit. Es kommt mir oft verdächtig vor, wenn einer im Reden mit der Kindheit kommt, und im Schreiben noch mehr. Ich erwarte mir mehr vom Schreiben als nur diese seltsame kleine Welt, die ja zu lesen groß ist.

Ich meine nicht das belletristische Erzählen über die Kindheit: Steht bei Ihnen nicht hinter den Kindheitsbildern die Sehnsucht nach dem Sich-Treu-Bleiben?

Das kann man nicht wollen – „sich treu bleiben", das ist ein Instinkt. Der poetische Instinkt heißt „treu bleiben", aber nicht „sich", sondern dem Tiefen, das man erlebt hat. Ich weiß nicht, was es heißt: Ich bleibe mir treu, aber ich weiß, was es heißt: einen Schein um ein Ding herum gehabt zu haben, den man tief erlebt hat, wo man, *pars pro toto*, alles gesehen hat. Diesem Schein möchte ich treu bleiben. Das ist so einer der großen Impulse des Schreibens, dass man denkt: Ja, es ist Zeit, dass ich das wiedergebe, sonst verschwindet es vielleicht, jetzt ist der Moment, dass ich darüber schreibe. Daraus werden wahrscheinlich viele Kindheitsbücher kommen, dass die Menschen, die sie schreiben, Angst haben, dass sie ihn nicht mehr sehen, den Schein. Man schreibt, um den Schein vielleicht doch zu verlängern in einem selbst, auch, um ihn zu objektivieren für andere durch die Sprache. Mir selber treu bleiben – ich weiß es nicht. Man muss sich ja auch manchmal selber eines „drübergeben", und manchmal ist es sehr vonnöten, dass man sich selber untreu wird, man kann sich oft nur verraten, verlassen, sich im Stich lassen, sonst verkommt man in der Routine. Treu bleiben aber den Dingen, ja, das ist wahr, den anderen Menschen natürlich, dem Gegenüber – das ist schwierig. Es gibt einen Haufen Leute, die *sich* treu bleiben und ein Verbrechen nach dem anderen machen.

Das Kind spielt jenseits Ihrer eigenen Kindheit in Ihrem Werk eine große Rolle. Sie haben einmal in einem Ihrer Tagebücher Rudolf Otto zitiert, der sagt: Kindschaftsgefühl, das ist Religiosität...

Ja, so ist es mir immer gegangen. Wenn ich etwas von mir weiß, wenn ich ab und zu ein Buch von mir wiedersehe, dann weiß ich, dass das drinnen ist, von A bis Z, von den „Hornissen" damals, als ich zwanzig Jahre alt war, als ich angefangen habe, bis jetzt – diese seltsame Scheu, das nicht genaue Wissen, das Etwas-Nicht-Sagen-Können und Auch-Nicht-Wollen, um etwas herum einen Bogen machen, dass das von A bis Z bis jetzt zumindest in dem, was ich gemacht habe, in meinen Büchern, drinnen ist, nicht in dem, was ich im sogenannten Leben getan habe, da leider nicht, aber in den Büchern spüre ich diese „Kindschaft" immer, bis jetzt. Das ist für mich auch ein Zeichen, dass es nicht so ganz daneben ist, mein Bücherwerk, dass sich da nicht einer erhebt über seine Welt, über seine Zeitgenossen – außer manchmal im Zorn, das tut dann auch immer gut.

Haben Sie heute das Gefühl, für junge Schreiber ein Vorbild zu sein? In Österreich, Deutschland und Slowenien?

Ja, aber nicht in einem guten Sinn. Ich glaube, ich war lange Zeit für viele, die jünger waren als ich, insofern ein Beispiel, als die gedacht haben: So ein normaler Typ wie der bin ich auch. Ich, mit meiner Sehnsucht zu schreiben, vom Schreiben leben zu können. Nur hat sich dann bei vielen mit der Zeit gezeigt, dass es nicht nur der „normale Typ" war, der so ähnlich war wie ich, sondern dass da etwas Grundverschiedenes dabei war, bei mir und den anderen. Ein gewisser Autismus hat mich im Guten und Schlechten getrennt von den anderen, eine Abgeschlossenheit, die oft nur zum Schein kommunikativ ist, dann aber wieder Momente hat, in denen sie das Wort Kommunikation übersteigt. Das, was ich mache, bedeutet mehr als die heute übliche Kommunikation. Aber das kann ich nur in meinem Schreiben äußern, weniger im Reden. Ein Autismus also, der vielleicht nur eine andere Form des Bohrens nach Wahrheit ist, das sich nicht durch Reden äußert. Das Zweite ist, dass unglaublich viel Arbeit dazugehört, dass wirklich eine Zähigkeit, ein Bei-der-Sache-Bleiben dazugehört. Das ist mir eigen, und ich glaube, dass es von den Knechtvorfahren aus Kärnten kommt, von den slowenischen Kleinbauernvorfahren, dass ich nicht lockergib: Wenn schon, denn schon – ich habe mich auf dieses Spiel eingelassen und ich muss oft lockerlassen, nicht aufs Ganze gehen, das ist sehr wichtig beim Schreiben, immer wieder neu anfangen und sich selber geduldig machen, denn von Natur aus ist fast jeder ungeduldig. Das Schreiben ist so eigentlich eine der wenigen Möglichkeiten, sich selber zur Geduld zu erziehen. Das haben dann viele nicht mit mir geteilt, haben das nicht gesehen. Ich trete ja auch nicht auf als einer, der arbeitet. Die meisten haben gedacht: Der arbeitet auch nicht, und es ist mein Ehrgeiz, nicht zu zeigen, wie ich arbeite. Die meisten Schriftsteller jammern dauernd herum, wie sie sitzen und sitzen.

Mein Ehrgeiz war es immer, mich nicht als arbeitend zu zeigen, und auch nicht zu erzählen, wie ich da schufte.

Sie haben einmal gesagt, dass der Erfolg ziemlich früh eintreten muss, damit man ein Leben als Schriftsteller führen kann ...

Für mich war das ziemlich wichtig, ab einem gewissen Moment, wenn man nicht mehr der Junge ist und die Leute dadurch zunehmend nervt, dass man immer noch schreibt. Es gibt in jedem Schreiberleben so eine Periode, in der man zwar schreibt, aber die anderen denken: Jetzt hat der schon wieder ein Buch geschrieben! Jetzt wäre eigentlich Zeit, wie es dem Mythos entspricht, dass er scheitert. Man denkt auch daran, dass es gut wäre zu scheitern, aber es gelingt einem das Scheitern nicht. Das ist kein Wortspiel, das ist wahr. Mir zumindest hat es geholfen, dass ich all das, was Ruhm, Rampenlicht, Glanz heißt, schon von fünfundzwanzig bis fünfunddreißig gekannt habe. In der Periode, in der ich wirklich auf mich allein gestellt war, die zehn Jahre, die ich in Salzburg gelebt habe, bin ich mir wie im Würfelspiel vorgekommen, ich war auf mich gestellt, war allein. In den Jahren, die ich meine Pionierzeit nenne, hat es mir geholfen, dass ich den Ruhm hinter mir hatte und ganz allein geschrieben habe, ohne Blick auf ein Publikum, ohne dass ich ein Schriftsteller für die Jungen war, ich war auch keiner für die Alten, und ich bin froh darüber, dass es so war.

Wären Sie dabei geblieben, wenn es anders gekommen wäre?

Das frage ich mich. Ich glaube, ich wäre noch unleidiger geworden, als ich es manchmal ohnedies bin, schroffer, undankbarer, bitterer. Ich glaube, bis jetzt habe ich das Verbittert-Sein vermieden, das ich bei so vielen erlebe: den Zwang, als Schriftsteller eine „Rolle" zu spielen, statt dass man bleibt, wie man ist – ein stotternder, hauptsächlich stotternder Privatier, der aber ab und zu die Sehnsucht hat, Bilder, die er in sich trägt, in eine allen zugängliche Schönheit zu bringen. Das darf man aber nicht oft sagen.

Kann es sein, dass ein wichtiger Impetus für Sie das Leben der kleinen Leute ist, dass Sie dem Alltag eine bestimmte Kultur geben, indem Sie ihn festhalten ...

Das ist richtig, mit dem Alltag fühle ich mich einverstanden. Wenn Sie sagen, dass ich dem eine Kultur gebe oder sogar einen Geist – das ist sehr schön. Aber mit den kleinen Leuten kann ich weniger anfangen, weil es für mich keine kleinen Leute gibt, wenn ich auch immer die Schriftsteller fast am meisten bewundert habe, die aus den sogenannten kleinen Leuten das Größte herausgeschrieben haben, wie Tschechow oder die Amerikaner.

Bei Ihnen hat jeder der Handelnden, und sei es noch so sehr im Detail, eine Würde, die Sie ihm geben …

Das stimmt, ich kann keine Leute auf die Bühne stellen oder in einer Prosa vorkommen lassen, die negativ sind, ich kann keine mephistophelischen Gestalten nehmen …

… und dennoch hat niemand eine Maske auf …

Das ist wahr, „stolz geht nur der Unmaskierte", sagt Nova, das ist einer meiner liebsten Sätze in „Über die Dörfer". „Macht ruhig das Maskenspiel, aber stolz geht nur der Unmaskierte." Vielleicht habe ich den Fehler gemacht, zu überhöhen, obwohl ich das nicht als Fehler sehe, so wie in dem Stück „Über die Dörfer" die Handlanger beim Autobahnbau oder die Verkäuferin – die redet, wie die Leute in einem griechischen Drama geredet hätten. Aber ich habe das immer als real empfunden, dass – sagen wir es jetzt: die „kleinen Leute" eine wunderbare Sprache haben, dass in tragischen Momenten oder in begeisterten Momenten – tragisch ist ja auch begeistert – da etwa herauskommt, was ein sogenannter Mittelstand sehr schwer schafft.

Sie haben früher von den Bäumen als den Schutzlosen, Unschuldigen gesprochen …

… unschuldig meine ich in dem Sinn, dass sie nicht als Alpenvereinsnatur oder Wanderwegnatur funktionieren, obwohl das natürlich in Fragmenten auch hier passiert, aber nicht so massiv, wie es in Österreich der Fall ist. Die Natur ist nicht so eingeteilt in „Lehrpfad" und „Alpenverein" – es ist ja gut, wenn alle Phänomene vorkommen, aber jedes Phänomen hat seinen Platz. In Österreich sind die Phänomene viel zu massiv, alles drängt sich so auf, springt einem in die Augen. Das ist der Vorteil eines größeren Lands – da gibt es die Phänomene auch, aber sie verlieren sich, sie sind viel gerechter verteilt.

Auch Ihre Zuneigung zum Schutzlosen findet Niederschlag im Bild des Kinds. Ist das Kind für Sie der Ausdruck des ganz besonders Schutzlosen, das Zuwendung besonders braucht?

Kind ist in vielem ein großes Bild für die Verlorenheit, für die Verlorenheit aller Menschen, wie verlassen der Mensch ist. Insofern sage ich ja. In einem Kind sieht man den verlassenen Menschen – die Fröhlichkeit, die von ihm ausgeht, und man denkt: Um Gottes Willen, wo gehen denn diese Strahlen hin? Man möchte das schützen, ja, es ist wahr. Aber andererseits kann ich auch sagen: Ich habe eine sehr große Scheu vor Kindern. Ich rede zwar jede Menge Blödsinn und mische mich immer wieder ein, aber im Grund habe ich eine Scheu, einem Kind überhaupt etwas zu sagen. Von einem Kind angeschaut, habe ich immer das Gefühl, ich werde geprüft, ob ich überhaupt da bin. Kinder sind fremde Wesen, die ich nicht verstehe, die man eigentlich im Großen und Ganzen in Ruhe lassen soll – es ist ja schon viel: in Ruhe lassen, Ruhe geben. Aber es ist noch mehr: Es ist Schutz-Geben-Wollen oder beides ist vereint. Es ist immer der Abstand, den ich haben will zu jedem Kind. Ich habe das Gefühl, ich komme nicht nah an das Kind, was ich bei einem Erwachsenen doch manchmal gesehen habe – dass da eine Vereinigung stattfindet, mit Blicken, mit einem Auge oder mit einem Wort. An ein Kind komme ich nicht heran. Es tut einem wahnwitzig das Herz weh mit einem Kind, weil man das Gefühl hat: Das ist jemand anderer. Mir geht es oft so, vor allem, wenn ein Kind einem nahe ist. Deswegen braucht man immer einen Dritten. Ich habe meine erste Tochter allein aufgezogen und es ist gegangen auf eine Weise, aber ich finde das Dreieck sehr wichtig. Und wenn das nicht Vater und Mutter sind, dann muss als dritter Punkt etwas anderes gefunden werden, ich weiß nicht, was. Es muss ein dritter Punkt her, denn zu zweit ist das beängstigend, diese zwei Punkte, wenn da nur eine Strecke gezogen wird - es führt fast zu psychotischen Zuständen.

Sie sagen, es müsse ein Dreieck sein. Ist das ein Bild oder kann es ein konkretes Lebensmodell sein?

Ja, ja, doch. Wobei sich das allerdings immer wieder öffnet. Ja, das Dreieck ist wichtig. Ich weiß gar nicht, wie ich das überstanden habe, die Jahre mit dem Kind allein. Aber ich kann sagen: Ich habe wahnsinnsähnliche Zustände gehabt, die nur nicht ganz zum Vorschein gekommen sind – sehr mit Gewaltvorstellungen verbunden, die dann, dadurch dass man zu zweit war, gegen etwas Drittes gegangen sind. Ganz banal gesprochen: gegen eine Katze, wenn man ein Messer nach einer Katze schmeißt und im Grund möchte man es vielleicht auf das Kind werfen. Das klingt schrecklich!

Auf sich selber auch ...

Auf sich selber auch, ja. Hauptsächlich wendet man dann die Gewalt gegen sich selber an.

Sie haben das in der „Kindergeschichte" sehr dramatisch beschrieben, aber Sie schreiben weiter, dass dann, als Sie sehen, dass das Kind lebt und ihm nichts angetan wurde, dass Sie das als den Zustand des höchsten Glücks empfunden haben ...

Das Wunderbare war das Verzeihen, was man eigentlich gar nicht denken kann: Dass ein dreijähriges, vierjähriges Kind, ohne die Sprache dafür zu haben, vielleicht umso mehr mit den Augen, mit dem Blick verzeihen kann, lossprechen – noch besser gesagt. Das war meine Erfahrung, aber ich glaube, dass es doch jedem so geht. Ich habe auf die Episode hin immer wieder von anderen gehört, dass sie dadurch gewagt haben, auch von sich zu erzählen.

5. Peter Handkes „Wunschloses Unglück"

„Später werde ich über das alles Genaueres schreiben." Für gewöhnlich ist der erste Satz einer Erzählung oder eines Romans der, der einen in das Buch zieht. In Peter Handkes „Wunschlosem Unglück" ist – für mich als Leser - der letzte der entscheidende, obwohl er selbst mit diesem berühmt gewordenen später nicht ganz zufrieden ist. „Das ist auch ein Blödsinn. Das Wort ‚genau' ist schon falsch. ‚Mit mehr Einzelheiten' wollte ich sagen. Ich habe dann später versucht, wie Thomas Wolfe, eine Art Epos der Familie zu erträumen: im Roman ‚Die Wiederholung'. An die Mutter habe ich mich nicht mehr so recht herangewagt."[1] Im „Wunschlosen Unglück"[2] erzählt Peter Handke über seine Mutter, die sich aus der Enge ihres Kärntner Umfelds zu befreien und zu verwirklichen versucht. Am 19. November 1971 begeht sie Selbstmord, der Sohn beendet im Februar 1972 das Buch, das seine besondere Stellung in der Literatur mitbegründet.

Zum ersten Mal bewusst wahrgenommen habe ich den Namen Peter Handke und seine Eigenschaft als Schriftsteller in meinem Heimatort, in dem an der Hauptstraße eine große Plakatwand angebracht war. An dieser bin ich im Herbst 1972 auf ein Plakat aufmerksam geworden, das zu einer Lesung aus dem „Wunschlosen Unglück" in das Kärntner slowenische Bildungshaus „Sodalitas" in Tainach/Tinje eingeladen hat. Heute weiß ich nicht mehr, ob Handke selbst oder ein Schauspieler daraus vorgetragen hat. Ich habe die Lesung nicht besucht, den Autor habe ich ab diesem Herbst jedoch immer aufmerksam wie ein Mitglied seiner Lesergemeinde – in Zeitschriften und Zeitungen - begleitet.

Der gesamte Buchumschlag zeigt ein Foto, das mit Peter Handke im dunkelblauen Anzug und weißen Hemd sowie mit den obligaten langen Haaren und der Brille mit getönten Gläsern wahrscheinlich in Südkärnten aufgenommen wurde. Vorherrschend ist die braune Farbe der Erde, der Au-

---

[1] Ulrich Weinzierl: Als Peter Handke den Selbstmord der Mutter erlebte. Die Welt (Berlin), 7. November 2009.
[2] Peter Handke: Wunschloses Unglück. Erzählung. Salzburg und Wien 1972.

tor steht offensichtlich in einer Mulde, darüber ein schmaler grüner Grasstreifen und beschließend der zartblaue Himmel. Ein blassgrüner Baum in der Mitte des oberen Drittels ist nicht zu übersehen.

Meiner Erinnerung nach war die Vorlage für das Plakat der Buchumschlag. Jedenfalls hatte es eine außerordentliche Wirkung und war – was ich im Nachhinein sagen kann – der zeitgenössischen Ästhetik weit voraus. Den Umschlag hat der großartige Künstler Walter Pichler graphisch gestaltet. Der Fotograf wird nicht erwähnt, vielleicht war es ohnehin Pichler.

Als ich dieses Plakat sah, hatte ich, ohne eine Zeile von Handke zu kennen, eine Idee von Literatur.

Die erste Prosa Handkes, die ich gelesen habe, war im Lesebuch „Welt im Wort" für die zweite Gymnasialklasse abgedruckt. „Das Wurstblatt hängt aus der Semmel", hieß es in der Geschichte, die ein Ausschnitt aus dem zweiten Roman „Der Hausierer"[3] war. Die an Akribie grenzende Genauigkeit der Sprache und die verbalisierten Bilder haben mich beeindruckt.

Imponiert hat mir von Anfang an, dass Peter Handke „ursprünglich" siebzehn oder achtzehn Kilometer von meinem Heimatort entfernt, in Altenmarkt/Stara vas bei Griffen/Grebinj, zuhause war. Als Zwölfjährigen hat es mich erstaunt, dass ein Lesebuchbeiträger in der näheren Umgebung meines Dorfs daheim sein kann. (So jung war ich.) Wahrscheinlich habe ich angenommen, dass solche Größen, sie hatten fast etwas Märchenhaftes, aus Wien, Berlin oder wenigstens München kommen müssen, sogar Graz, das damals gerade zur heimlichen österreichischen Literaturhauptstadt heranwuchs, was ich noch nicht wusste, wäre mir „zu wenig" gewesen. Frischmuth, Jelinek sowie Kolleritsch und ihre „manuskripte" hatten für mich noch keine Bedeutung.

Von heute auf morgen habe ich Handke nicht gelesen. Zuerst haben mich die Ausschnitte in den Lesebüchern langsam in sein Werk eingeführt. „Wunschloses Unglück" habe ich vier oder fünf Jahre nach der Veröffentlichung zum ersten Mal in die Hand genommen, dann aber gründlich, was die vielen Anmerkungen und Unterstreichungen im Buch belegen. Besonders hervorgehoben habe ich, wenn Peter Handke auf das Slowenische in Kärnten aufmerksam macht. Über seinen Großvater schreibt er, „Er ist slo-

---

[3] Peter Handke: Der Hausierer. Roman. Frankfurt am Main 1978, S. 20.

wenischer Abstammung"[4], und über die Mutter, dass sie sich mit den sowjetischen Soldaten im besetzten Nachkriegs-Berlin in dieser Sprache unterhalten konnte, „als Losungswort die slowenische Antwort"[5].

Handkes literarische Bezüge zu seiner Kärntner slowenischen Abstammung haben mich immer interessiert, wenn nicht gereizt, und ich war der erste, der über sie geschrieben hat. In der - in Ljubljana erscheinenden - Tageszeitung „Delo" habe ich den Aufsatz „Peter Handke in slovenstvo v njegovih spisih. Prebral sem 4381 strani« (Peter Handke und das Slowenische in seinen Schriften. Ich habe 4381 Seiten gelesen)[6] veröffentlicht. Später habe ich noch Genaueres darüber geschrieben.

Die Lektüre des »Wunschlosen Unglücks« hat unmittelbar zwei Tatsachen bewirkt. Ich habe an Peter Handke – im Weg seines Verlags – einen Brief gerichtet und er hat mir unverzüglich geantwortet, damals aus Paris. Beim Öffnen des blauen Kuverts mit der kleinen französischen Briefmarke hatte ich Herzklopfen. Seit dem Herbst 1977 bin ich mit ihm immer in Verbindung, wenn auch in einer sehr losen.

Die zweite Auswirkung war ein Nachahmen. Ich habe begonnen, einen Text zu schreiben, dessen Länge an seiner Erzählung orientiert war. Gewählt habe ich den peinlichen Titel »Versargte Todeshoffnungen«. Diese »Jugendprosa« hat nie das Licht der Welt erblickt, sie war aber eine Fingerübung für meinen ersten Roman[7].

Meine Beschäftigung mit dem Kärntner (slowenischen) Schriftsteller wurde zu dieser Zeit einigermaßen intensiv. Ich war gleichsam auf der Suche nach Berichten und Reportagen über ihn. Der geradezu kometenhafte Aufstieg, ein anderes Bild fällt mir nicht ein, den er als Schriftsteller erlebte, war ... unvergleichlich.

Wie auch immer, Handkes »Wunschloses Unglück« wurde in viele Sprachen übersetzt, natürlich auch in das Slowenische[8], leider mit einem verunglückten Titel, »Die Traurigkeit auf der anderen Seite der Träume« oder »Die Traurigkeit jenseits der Träume«, die Erzählung wurde jedoch gut übertragen.

---

[4] Peter Handke: Wunschloses Unglück. Erzählung. Salzburg und Wien 1972, S. 12.
[5] Peter Handke: Wunschloses Unglück. Erzählung. Salzburg und Wien 1972, S. 46.
[6] Delo (Ljubljana), 16. Juli 1982, S. 1, 5.
[7] Janko Ferk: Der verurteilte Kläger. Roman. Wien - Hamburg 1981.
[8] Peter Handke: Žalost onkraj sanj. In das Slowenische übersetzt von Stanka Rendla. Mit einem Nachwort von Drago Druškovic. Ljubljana 1977.

Das Laibacher Schauspielhaus »Drama« hat die Übersetzung dramatisiert und im Februar 1979 auch in Klagenfurt/Celovec aufgeführt. Das Stück wurde im Künstlerhaus gespielt und ich habe es nicht besonders begeistert für die Kärntner slowenische Wochenzeitung »Naš tednik« besprochen[9]. Wegen meiner jugendlichen Unerfahrenheit hat es mich gestört, dass die Figuren der Mutter und des Sohns keine Ähnlichkeit(en) mit Maria Handke, die mir von Fotos bekannt war, und Peter Handke hatten. Die deutschsprachige Aufführung, die ich bald danach im Wiener Burgtheater gesehen habe, hat mich zum Umdenken gebracht. Auch in Wien hatten Mutter und Sohn keine Ähnlichkeit mit Maria Handke und Peter Handke. Für die Sanierung des Verrisses in der Klagenfurter Wochenzeitung war es jedoch zu spät ...

Davor habe ich sozusagen mit Peter Handke maturiert. Als mündliches Prüfungsfach habe ich »natürlich« Deutsch gewählt. Der Professor, der meine Interessen bestens kannte und mich fördern wollte, hatte für meine mündliche Reifeprüfung Fragen vorbereitet, bei denen ich aus dem Vollen schöpfen konnte.

Die erste Frage war eine über Kafka und mit der zweiten hatte ich zu erörtern, ob ein Schriftsteller berechtigt wäre, in dieser Weise über seine Mutter zu schreiben. Die Grundlage für die Frage war ein Leserbrief, in dem kritsiert wurde, dass Handke über die Abtreibung[10], die seine Mutter vorgenommen, und die Menstruationshose[11], die sie vor dem Selbstmord angezogen hat, im Buch erzählt. Ich war – selbstredend – auf der Seite des Schriftstellers. Wie gut ich argumentiert habe, weiß ich heute nicht mehr. Abschließend durfte ich einen Ausschnitt aus meinem ersten Roman, der schon geschrieben war, lesen.

In Wien, wo ich seit dem Herbst studierte, habe ich bald Hans W. Polak, den legendären Chef des Zsolnay Verlags, aufgesucht, der mich wenige Wochen später mit meinem ersten Verlagsvertrag – und einem erklecklichen Vorschuss - ausgestattet hat. Dies war der erste richtige Höhepunkt in meinem Leben. Es war das erste und letzte Mal, dass ich für ein Buch eine Vorauszahlung erhalten habe.

---

[9] Janko Ferk: Handkejeva drama redko onkraj sanj. Naš tednik (Klagenfurt/Celovec), 22. Februar 1979, S. 5.
[10] Peter Handke: Wunschloses Unglück. Erzählung. Salzburg und Wien 1972, S. 55.
[11] Peter Handke: Wunschloses Unglück. Erzählung. Salzburg und Wien 1972, S. 87.

Im Juli 1980 habe ich Peter Handke, mit dem ich sporadisch korrespondierte, in Klagenfurt zum ersten Mal getroffen. Wir sind stundenlang in einem Café zusammengesessen. Als ich ihm den »Arbeitstitel« meines ersten Romans genannt habe, »Der Amtsschimmel und der Paragraphenreiter«, hat er gemeint, ob ich Fritz von Herzmanovsky-Orlando nachfolgen wolle. Auch Hans W. Polak war mit diesem Titel weder glücklich noch einverstanden.

Das nächste Mal habe ich Peter Handke gesehen und mit ihm geredet, als er am 31. März 1981 im Museum des zwanzigsten Jahrhunderts in Wien – unter den Auspizien Bundeskanzler Bruno Kreiskys – seine Übersetzung von Florjan Lipuš' Roman „Der Zögling Tjaž"[12] vorgestellt hat.

In der Mai-Ausgabe 1981 des längst verblichenen Wiener „Extrablatts"[13] habe ich Peter Handke als „personifizierten Artikel sieben" bezeichnet. Naturgemäß entsteht jetzt die Frage, was der Griffner denn so Großartiges geleistet habe, dass er zu einer Norm aus Fleisch und Blut werden konnte. Vor der Beantwortung darf eine Zwischenfrage nicht offenbleiben. Deshalb ein kurzer Exkurs.

Mit dem Artikel sieben ist jener des Staatsvertrags von Wien aus dem Jahr 1955 gemeint, der die Rechte der österreichischen Slowenen und Kroaten verfassungsmäßig regelt und der im Jahr 1981 maximal fragmentarisch umgesetzt war. Heute präsentiert sich die Situation wesentlich rechtskonformer.

Im Jahr 1981 war jede Gerechtigkeitsregung in Sachen Kärntner Slowenen noch eine Wohltat, gleichsam ein Feiertag. Nicht grundlos hat Bundeskanzler Bruno Kreisky bei der Buchpräsentation gemeint: „Eine Minderheit hat nicht das Recht auf Gleichberechtigung. Eine Minderheit hat das Recht auf Bevorrechtung." Nebenbei gesagt, diese Kreisky-Doktrin wird wohl nie zum Staatsziel. Auch nicht im einundzwanzigsten Jahrhundert.

---

[12] Florjan Lipuš: Der Zögling Tjaž. Roman. Deutsch von Peter Handke und Helga Mračnikar. Salzburg und Wien 1981.
[13] Janko Ferk: Der personifizierte Artikel sieben. In: Extrablatt (Wien), Mai 1981, S. 86, 87.

Wie auch immer, Peter Handke ist im Jahr 1979 nach längeren Auslandsaufenthalten nach Österreich zurückgekehrt, und zwar nach Salzburg, um seiner älteren Tochter den Besuch eines österreichischen Gymnasiums zu ermöglichen. Einer seiner ersten Gedanken nach der Rückkehr war es, die Sprache seiner Mutter neu zu erlernen, was er mit einer Kärntner Slowenin bei der Übersetzung des Romans „Zmote dijaka Tjaža" ins Deutsche, „Der Zögling Tjaž", in die Tat umsetzte. »Tjaž« erschien zuerst im Salzburger Residenz Verlag, dann als Taschenbuch bei Suhrkamp[14] und schließlich in französischer Übersetzung als »L'élève Tjaž«[15] bei Gallimard in Paris.

Damit hat Peter Handke nicht nur Florjan Lipuš genützt, sondern der Kärntner slowenischen Literatur überhaupt. Seit dem Beginn der Achtziger Jahre des vorigen Jahrhunderts wurde sie revolutioniert. Auf einmal sind im Original mehr Werke erschienen und sie wurden regelmäßig übersetzt. Die Initialzündung hat Dauer- und Spätfolgen bis heute. Und doch stottert der Betrieb, um nicht zu sagen der Motor, den man mit Zündungen assoziieren könnte, manchmal. Noch immer.

Der Kärntner „Halbslowene", wortwörtlich „pol-Slovenec"[16], wie er einmal von einem Laibacher Literaturprofessor unwissenschaftlich bezeichnet wurde, hat seine slowenisch schreibenden Landsleute auch danach nicht vergessen. Er hat Gustav Januš übersetzt und mit einem intervenierenden Wort das eine und andere angeregt oder ermöglicht.

---

[14] Florjan Lipuš: Der Zögling Tjaž. Roman. Deutsch von Peter Handke zusammen mit Helga Mračnikar. Suhrkamp Taschenbuch Verlag, [Frankfurt am Main] 1984.
[15] Florjan Lipuš: L' élève Tjaž. Roman. Traduit d' aprés la version allemande de Peter Handke et Helga Mračnikar par Anne Gaudu. Texte original slovène. Editions Gallimard, [Paris] 1987.
[16] Matjaž Kmecl: Sodobna slovenska literatura na zamejskem Koroškem. In: Ta hiša je moja, pa vendar moja ni. Sodobna slovenska literatura na Koroškem. Klagenfurt/Celovec - Ljubljana 1976, S. 156.

Im darauffolgenden Sommer habe ich Peter Handke auf dem Mönchsberg in Salzburg, wo er mit seiner Tochter Amina gewohnt hat, besucht. Bei dieser Gelegenheit habe ich seinen Vermieter, den Kärntner Hans Widrich, kennengelernt, mit dem ich bis heute im Kontakt bin. Viel später hat er eine Autobiographie[17] verfasst, die ich in einem Zug gelesen habe, weil es spannend war, dass ich Menschen, die im Buch vorkommen, gekannt habe oder mit ihnen sogar befreundet bin. Widrich studierte an der Universität Graz Philosophie sowie Theologie und war Jahrzehnte der Pressechef der Salzburger Festspiele.

Jahre später, ich hatte neben meinem Herzens- längst einen Zivilberuf als Jurist, besuchte ich Peter Handke gemeinsam mit Michael Maier, einem ambitionierten Kärntner Journalisten, in Chaville bei Paris, um ein langes Gespräch zu führen, woraus einerseits Zeitungsinterviews[18] [19] und andererseits ein Buchkapitel[20] entstanden sind. Aus einer Antwort Handkes, der im Gespräch bedächtig und druckreif formulierte, hat sich der Buchtitel ergeben. „Die Geographie des Menschen" ist für mich eines der drei schönsten Bücher, die ich gemacht habe.

Bei dieser Gelegenheit habe ich Handkes Ehefrau Sophie Semin kennengelernt und Léocadie, deren gemeinsame Tochter, die – wenn ich mich richtig erinnere – noch ein Säugling war. Peter hat seiner Frau Michael Maier und mich auf Französisch als seine Kärntner Freunde vorgestellt. Ich kann diese Sprache zwar nicht, aber so viel habe ich dennoch verstanden.

---

[17] Hans Widrich: Bei den Fischottern in der Ebene und auf den Bergen. Biographische Fragmente für den Haus- und Dorfgebrauch. Salzburg 2016.
[18] Janko Ferk/Michael Maier: »Treu bleiben den Dingen«. Ein Gespräch mit Peter Handke. In: Kärntner Kirchenzeitung (Klagenfurt), 22. Dezember 1991, S. 8 - 11.
[19] Janko Ferk/Michael Maier: »Endlich losgelöst vom Fall des eigenen Ich«. Ein Gespräch mit Peter Handke. In: Kleine Zeitung (Klagenfurt und Graz), 5. Dezember 1992, S. 4, 5.
[20] Michael Maier/Janko Ferk (Hrsg.): Die Geographie des Menschen. Gesprächebuch. Wien 1993.

Nach dem langen Gespräch, das den ganzen Nachmittag gedauert hat, Maier hat daneben auch fotografiert, hat uns der Befragte in ein Bistro in Chaville eingeladen. Auffallend war, dass Handke auf dem Weg ins Lokal und von den Gästen in diesem sehr freundlich und freundschaftlich behandelt wurde. Das Wort Maître habe ich nicht nur einmal gehört. Im Übrigen hat der Meister ein Restaurant mit einer ausgesprochen guten Küche und einem ausgesuchten Keller gewählt.

Peter Handke bin ich immer wieder irgendwo begegnet. Mein Mitgehen als Mitglied seiner Lesergemeinde bestand aber auch darin, dass ich zunächst einige Bücher in slowenischen[21] [22] [23] [24] [25] [26] [27] [28] [29] [30] [31] [32] Zeitungen

---

[21] Janko Ferk: Aus Peter einen Handke machen. In: M. Das Magazin (Wien), Nr. 1/1982, Februar 1982, S. 82, 83.
[22] Janko Ferk: Zakaj Peter Handke ne piše več romanov. In: Naš tednik, 9. Juni 1982, S. 6.
[23] Janko Ferk: Peti evangelist Peter Handke in (njegova) politika. In: Naš tednik, 26. August 1982, S. 2.
[24] Janko Ferk: Dr. h. c. Peter Handke. In: Nedelja (Klagenfurt/Celovec), Priloga, 13. Juni 1993, S. 8.
[25] Janko Ferk: Peter Handke. Eine „slawische Seele" aus Kärnten. In: M. Das Magazin, Jänner/ Februar 1984, S. 34 - 39, 66, 67.
[26] Janko Ferk: V Indoneziji berejo Petra Handkeja. In: Naš tednik, 9. August 1979, S. 3.
[27] Janko Ferk: Jezikovni invalid Peter Handke. In: Naš tednik, 2. April 1981, S. 7.
[28] Janko Ferk: Handke: Prevedel sem jo, ker mislim, da je dobra knjiga. In: Naš tednik, 9. April 1981, S. 1, 3.
[29] Janko Ferk: Široka dejavnost Petra Handkeja. In: Naš tednik, 25. Juli 1985, S. 10.
[30] Janko Ferk: Nov film Petra Handkeja. In: Naš tednik, 13. Februar 1986, S. 9.
[31] Janko Ferk: Peter Handke dobitnik „Vilenice '87«. In: Naš tednik, 15. September 1987, S. 11.
[32] Janko Ferk: Handkejeva praizvedba na Salzburškem poletnem festivalu. In: Novice, 2. September 2011, S. 1, 8, 9.

und Zeitschriften besprochen habe. Später habe ich meine „Beiträge" vor allem in deutschsprachigen Blättern[33] [34] [35] [36] [37] [38] [39] [40] veröffentlicht.

Die Aufzählung ist bei Weitem nicht vollständig, weil ich zu seiner Arbeit einige Kommentare verfasst und ihn in sogenannten Überblicksartikeln erwähnt habe.

Dazu gehört, dass ich mit Sicherheit eine der größten privaten Handke-Bibliotheken mit seinen Originalwerken, Übersetzungen seiner Bücher in andere Sprachen, seine Übersetzungen und eine große Menge an Sekundärliteratur über sein Werk besitze. Ich schätze den Bestand auf ungefähr eintausend Bände. Jedenfalls ist der Handke-Katalog um einiges länger als jener Kafkas, obwohl ich über diesen Literaturriesen unaufhörlich forsche.

Peter Handke hatte einen Anhänger und Gefolgsmann, dessen Kompetenz unübertroffen ist, nämlich den Wiener Germanisten Wendelin Schmidt-Dengler. Mit meinem verehrten Lehrer habe ich ein paar Mal über

---

[33] Janko Ferk: Handke: „Ein Maler aus Raumtreue". Rezension des Werks: Thomas Zaunschirm: Gustav Januš, Maler und Dichter. Mit einem Vorwort von Peter Handke. Klagenfurt 1995. In: Die Furche, 20. Juni 1996, S. 20.

[34] Janko Ferk: „So machen Sie doch, was Sie wollen!" Rezension der Werke: Georg Pichler: Die Beschreibung des Glücks. Peter Handke. Eine Autobiographie. Wien 2002, und Peter Handke: Mündliches und Schriftliches. Zu Büchern, Bildern und Filmen. Frankfurt am Main 2002. In: Die Presse, Spectrum, 30. November 2002, S. VI.

[35] Janko Ferk: Der Große Fall. Rezension des Werks: Peter Handke: Der Große Fall. Erzählung. Berlin 2011. In: http://www.literaturhaus.at/index.php?id=8862 28.04.2011

[36] Janko Ferk: Peter Handke. Portrait des Dichters in seiner Abwesenheit. Rezension des gleichnamigen Werks: Lillian Birnbaum: Peter Handke. Portrait des Dichters in seiner Abwesenheit. Salzburg-Wien 2011. In: http://www.literaturhaus.at/index.php?id=9120 08.09.2011

[37] Janko Ferk: Versuch über den Stillen Ort. Rezension des gleichnamigen Werks: Peter Handke: Versuch über den Stillen Ort. Berlin 2012. In: http://www.literaturhaus.at/index.php?id=9666 15.10.2012

[38] Janko Ferk: Es gibt den ungeheuren Anderen. Rezension des gleichnamigen Werks: Alfred Kolleritsch: Es gibt den ungeheuren Anderen. Gedichte. Mit einer Einleitung von Peter Handke. Graz - Wien 2013. In: http://www.literaturhaus.at/index.php?id=9776 13.02.2013

[39] Janko Ferk: Versuch über den Pilznarren. Rezension des gleichnamigen Werks: Peter Handke: Versuch über den Pilznarren. Berlin 2013. In: http://www.literaturhaus.at/index.php?id=10229&L=0%252525252Fadmin%252525252Ffile_manager.php%252525252Flogin.php%2C 30.12.2013

[40] Janko Ferk: Die Obstdiebin. Rezension des Werks: Peter Handke: Die Obstdiebin Oder Die Fahrt ins Landesinnere. Berlin 2017. In: http://www.literaturhaus.at/index.php?id=11816 20.12.2017

den Schriftsteller geredet, so auch wenige Wochen vor seinem Tod im Jahr 2008. Damals haben wir die Frage erörtert, ob Handke je der Nobelpreis für Literatur zugesprochen werde. Wir haben freundschaftlich über den ehemals ewigen Kandidaten der prae-Jelinek'schen Zeit für diese Promovierung gesprochen. Der Germanist war der uneingeschränkten Überzeugung, sein Protegé werde den Preis mit hundertprozentiger Sicherheit bekommen, und zwar in absehbarer Zeit. Er war ebenso überzeugt, dass Handke seine umstrittenen Aufsätze aus den Siebziger und den letzten Jahren bei den Beratungen im Literatur-Komitee nicht schaden würden. Wendelin Schmidt-Dengler hat, wie in den allermeisten Fällen, so auch in diesem, recht behalten.

Ich habe mich nach der Lektüre jedes Buchs von Peter Handke gefragt, ob und wann er den Nobelpreis bekommen werde. Allein für mein Lebensbuch „Wunschloses Unglück" gebührt ihm die höchste literarische Auszeichnung der Menschheit.

Und: Mit Handke ist zum ersten Mal die slowenische Sprache in die Schwedische Akademie in Stockholm eingezogen, als er seine Rede zum Teil in der Sprache seiner Mutter hielt. Die Kärntner Sloweninnen und Slowenen werden das nie vergessen.

6. Addendum

Gespräch mit Hans Widrich, vornehmlich über Peter Handke[41]

Janko Ferk: Lieber Doktor Widrich, ich vermute, dass wir beide in den letzten zwanzig Jahren am Literaturnobelpreisdonnerstag auf die Nachricht gewartet haben, wer der Sieger wird! Naturgemäß stellt sich die Frage, ob Sie über den Nobelpreisträger aus Kärnten verwundert waren?

Hans Widrich: Peter Handke hat in sehr jungen Jahren die wichtigsten Preise für deutschsprachige Literatur erhalten. Damals habe ich schon mit einer Überraschung aus Stockholm gerechnet. Seit der ihm anklebenden Serbien-Debatte nicht mehr. Aber: Als ich hörte, dass dieses Mal zwei Preise vergeben würden, war ich fast sicher, dass unser Freund einen erhalten wird.

Ich habe zufällig am Tag davor mit ihm telefoniert, das Thema jedoch bewusst nicht angerührt.

Peter Handke war ein Gymnasiumleben lang, nämlich jenes seiner Tochter Amina, Ihr Nachbar. Erzählen Sie, wie sich Ihre Freundschaft seit den Tanzenberger Jahren entwickelt hat! Der Nobelpreisträger ist ja kein einfacher Mensch.

Ein Künstler ist nie ein einfacher Mensch, aber ein Freund ist ein Freund.

Handke hat in Graz Jus studiert, ich Theologie. Gelegentlich trafen wir uns. Er berichtete, dass er an einem Roman, den „Hornissen", schreibe. Darin wolle er eine Sauschlachtung irgendwie liturgisch darstellen und ich musste ihm alle Einzelheiten erklären. Auch sprachen wir über das altmodische Slowenisch auf den Kreuzwegtafeln in Stift Griffen.

Wir blieben im Kontakt. Ich besuchte ihn in Kronberg, in Paris – und plötzlich suchte er eine Bleibe in Österreich für die Zeit des Gymnasialbesuchs seiner Tochter Amina. Unser Nachbarhaus war frei. Es liegt mitten in der Stadt und ist doch völlig versteckt. In diesen Jahren gab es regelmäßig das „Zeugnisessen" mit den Kindern, die Geburtstagsfeiern und – dies nur zu zweit – die Freude über seine jeweilige Neuerscheinung.

---

[41] Janko Ferk: »Ein Künstler ist nie einfach«. Ein Gespräch mit Hans Widrich. In: Kleine Zeitung (Klagenfurt), 7. November 2019, S. 56, 57. (Gekürzt.)

Noch eine Frage zu Peter Handke. Werden Sie zur Nobelpreisverleihung nach Stockholm reisen?

Ich war nur zwei Mal bei einer Ehrung: Beim Ehrendoktorat an der Universität Klagenfurt und beim Ehrenbürger von Griffen. Beides war würdig.

Lieber Hans Widrich! Als ich im Sommer Ihre Biografie „Bei den Fischottern in der Ebene und auf den Bergen" gelesen habe, hat mich keine andere Sache ablenken können. Das Buch ist interessanter und spannender als vieles andere, das ich in den letzten Monaten gelesen habe. Meine Freude bei der Lektüre war, dass ich nahezu ausnahmslos auf Namen gestoßen bin, die mir nicht unbekannt sind beziehungsweise deren Träger ich persönlich kenne, abgesehen von Peter Handke, bei dessen Besuch am Mönchsberg ich Sie im Jahr 1980 kennengelernt habe.

Es ist seltsam: Ruden hatte eine dreiklassige Volksschule mit zwei Lehrern. In derselben (!) Klasse war die Hasse Loni meine Mitschülerin. Sie ist die Mutter meines jungen Freunds Martin Kušej. Loni traf ich viel später in Salzburg wieder, mit Ehemann und großem Sohn anlässlich seiner ersten Festspielinszenierung.

Gehören Sie irgendwie zur Kärntner slowenischen Familie oder vielmehr wollen Sie ihr angehören? Wer zählt zu Ihren Herzensfreunden unter den Kärntner Slowenen, wenn es solche gibt? Ich denke, dass Sie Gustav Januš jedenfalls erwähnen werden.

Zur Kärntner Familie gehöre ich gern, zunächst zum Padnig am Haberberg, wo ich herkomme und wo sogar meine Enkel willkommen sind, dann zu den Freunden aus Tanzenberger Zeiten, Gustav Januš, Florjan Lipuš, Tino Oman. Wertvoll ist mir der Kontakt zu den Griffner Honoratioren, Pfarrer und Monsignore Johann Dersula, Bürgermeister Josef Müller und zum umtriebigen Heimatforscher Valentin Hauser.

Wie gut ist Ihr Slowenisch heute?

Unser wunderbarer Slowenischprofessor Johann Schnabl hat uns Ivan Cankar und Prežihov Voranc nahegebracht. Meine Schulaufsätze waren gut, das Maturazeugnis schmückte ein Sehr gut. Während der Wanderungen mit Peter Handke im Karst konnten wir uns sehr gut verständigen. Aber dann war Schluss.

Kurz gesagt, wenn Sie langsam Slowenisch sprechen, verstehe ich Sie gut, meine Antworten fallen etwas holprig aus, sind aber auch verständlich.

Waren Ihre Widrich- und Ehrlich-Vorfahren Kärntner Slowenen? Ich stelle die Frage, weil Griffen heute nicht einmal mehr zu den slowenischen Rändern gehört und die Sprache durch die Assimilation längst abgeschliffen wurde.

Auf den Höfen meiner Eltern und der mütterlichen Großeltern wurden bis zur Nazizeit beide Sprachen unreflektiert gleichwertig nebeneinander gebraucht, und vor allem gesungen. Nach 1945 hatten sich auch die Knechte angewöhnt, „Deitsch" zu reden.

Ein naher Verwandter schickte seinen Sohn in Griffen in die zweisprachige Volksschule, weil die klar besser war. Die Reaktion der Nachbarn: „A schamst dich nicht?" In der Folge wurde die normale Schule gewählt.

Sie sind in Salzburg höchst erfolgreich geworden. Sind Sie Kärntner geblieben?

Kärntner bleibt man immer. Doch manchmal wunderte sich ein Radioreporter, dass man es mir nicht anhört.

Haben Ihre Ehefrau und Kinder die Kärntner und auch slowenischen Wurzeln wahrgenommen?

Frau und Kinder kamen gerne zu den Wallfahrtsmessen auf den Lisnaberg und staunten über die unbekannten, stimmungsvollen Gesänge.

Bei den Salzburger Festspielen haben Sie viele Persönlichkeiten kennengelernt. Waren es komplizierte?

Je bedeutender die Festspielkünstler waren, desto einfacher verliefen die Gespräche. Für Projekte musste man sich allerdings exakt vorbereiten.

Ich danke für das Gespräch, das wir bei nächster Gelegenheit fortsetzen müssen, weil noch Vieles und Genaueres zu sagen ist.

7. MUTTERSPRACHE

In unserem Vaterland haben viele Söhne und Töchter in ihrer Sprache über die eigene Mutter geschrieben. Einer der respektvollen Söhne ist Peter Handke, der seiner Mutter Maria Handke ein großes Denk-Mal gesetzt hat. Sein „Wunschloses Unglück" ist ein – vor Authentizität schreiendes – Zeugnis über eine beeindruckende Frau.

Der Sohn reagiert nach seiner ersten „stumpfsinnigen Sprachlosigkeit" auf den Tod seiner Mutter mit Tatsachen: Er rekonstruiert ihre Wirklichkeit. Er beschreibt die Stellung der Frau nach dem Zweiten Weltkrieg in einem Leben auf dem Land im zweisprachigen Südkärnten.

Der Schriftsteller Peter Handke hat die Ereignisse nicht sentimental ausgebeutet und dadurch Verzicht geübt. Das Resultat war und ist eine selten qualitative Erzählung, die mit einer ungemeinen Intensität Momente der Angst, Scham, Verzweiflung und Qual, aber auch Freude vermittelt. Ein Meisterwerk ohne Einschränkung. Damals - im Jahr 1972 - wie heute.

8. „So machen Sie doch, was Sie wollen!"

Abgeschriebenes und Authentisches von und zu Peter Handke

Der österreichische Schriftsteller Georg Pichler galt bis zum heurigen Bücherherbst unter Eingeweihten durchaus als Talent. Nun hat er seinen beginnenden Ruf nachhaltig beschädigt, und zwar mit einem verblendeten Huldigungsbuch über seinen Meister Peter Handke, der am 6. Dezember sechzig Jahre alt wird. Für Pichler Anlass genug, sich an einer Biographie zu versuchen.

Sein Ansatz ist offensichtlich nicht die Kenntnis des Genres, sondern der verklärt-verschämte Hinweis im Vorwort, Peter Handke habe ihn schon fasziniert, als er „im Alter von 13, 14 Jahren" zu lesen anfing und es ihm gleichtun wollte. Handke, mit dem Vorhaben Pichlers konfrontiert, riet ihm: „Machen Sie doch, was Sie wollen!" Der Biograph hat sich leider nachdrücklich an diese ironische Empfehlung gehalten.

Die Schwierigkeiten fangen – um ein bisschen mit Handke zu prunken – schon beim Umschlag an. Das Nadelstreifcover mit einem Meuchelfoto des Biographierten ist so ziemlich das scheußlichste, das in den letzten Wochen in die Auslagen gestellt wurde. Auf dem Umschlag heißt es dann, der Autor habe „die erste umfassende Biografie" über Handke geschrieben. Beides, das Umfassende und die Biographie, sind jedoch nur in Spurenelementen vorhanden. Über das Buch lässt sich nicht viel Positives sagen. Das Beste ist noch die Feststellung, dass es gut gemeint ist.

In der gängigen Presserezeption zu Person und Werk Peter Handkes wurde es zur Regel, auf einige Fakten aufmerksam zu machen: die Herkunft aus ärmlichen Verhältnissen, den Auftritt bei der Tagung der Gruppe 47 im April 1966 in Princeton, das „Publikumsbeschimpfen", sein Popstartum, seine ausländischen Wohnsitze, seine Frauen und Töchter sowie das Serbien-Skandalon. Tatsächlich hat sich auch Georg Pichler überraschend brav und ärgerlich eindimensional an das bereits Bekannte gehalten, wobei die Methode seiner Arbeit mehr als fragwürdig ist.

Pichler kann kaum auf Eigenleistung verweisen, er nähert sich dem Thema beinahe ausschließlich als Abschreiber, wobei er Briefe, Gespräche und fiktionale Texte transkribiert. Das Buch besteht aus ellenlangen Zitaten mit kürzesten Zwischentexten. Manchmal lässt sich der Autor sogar dazu verleiten, Textstellen ohne Quellenangabe wiederzugeben, etwa aus der Erzählung „Wunschloses Unglück" oder aus Peter Laemmles und Jörg Drews' Band „Wie die Grazer auszogen, die Literatur zu erobern".

Endgültig problematisch wird die „umfassende Biografie" dort, wo Pichler aus Anleihen fiktionaler Handke-Texte authentische Biographiebestandteile macht. Aus Filip Kobal, dem Helden der „Wiederholung", wird nicht Handkes Alter ego, sondern ganz simpel Peter Handke himself. Unredlich sind auch umfangreiche Passagen aus Handkes Prosa, die Pichler als Tatsacheninformation für die Biographie angibt. Als zentrale Quelle benutzt er also eine Autobiographie, die keine ist. Zur Werkinterpretation fällt ihm kein originäres Wort ein, alles stammt aus der Sekundärliteratur.

Pichler ist vorzuhalten, dass er eine Recherche, die bei diesem Genre unabdingbar ist, nicht betrieben hat. Unverständlich ist, dass sich Pichler eines Mittels, das bei einem lebenden Autor wohl naheliegt, nicht befleißigt hat, nämlich des zitierbaren Gesprächs mit Peter Handke, der dafür bekannt ist, druckreife Interviews zu geben. Natürlich gibt es noch andere Mankos. Die slawischen Wörter und Namen werden sozusagen prinzipiell fehlerhaft geschrieben. Für die dürftigen Mitteilungen über Handkes Privatleben wird die Zeitschrift „News" zur Hauptinformationsquelle. Der interessierte Leser wird ein Personenregister erfolglos suchen. Neben sprachliche reihen sich zwanglos grammatikalische Fehler. Überhaupt formuliert Georg Pichler diesen Text – im Vergleich zu seinen bisherigen Veröffentlichungen – erstaunlich hilflos.

Das Buch ist insgesamt eine „demaskierende Litanei", in der die Sache unentwegt mit der Huldigung kämpft. Georg Pichler hat auf Knien geschrieben. Man kann eigentlich nur darauf warten, dass Peter Handke später selbst „über das alles Genaueres schreiben" wird.

Gleichzeitig mit der Pseudobiographie ist Peter Handkes Nebenwerk „Mündliches und Schriftliches" erschienen. Der Seh-Denker ergänzt mit diesem Buch seinen vor zehn Jahren erschienenen Essayband „Langsam im Schatten". Auch das neue Buch ist eine Aneinanderreihung von Gelegenheitsarbeiten, nämlich Aufsätzen, Notaten und Reden aus dem vergangenen

Jahrzehnt, die beim „Beobachten, Betasten, Beschreiben, Vergleichen" entstanden sind.

Wir erfahren, welche Bücher Handke gelesen, welche Filme er gesehen und welche Bilder er betrachtet hat. Die Urheber der jeweiligen Kunstwerke sind ausnahmslos Träger bekannter Namen und heißen Pierre Alechinsky, Marguerite Duras, Georges-Arthur Goldschmidt, Hermann Lenz oder Zoran Music (auch Mušič). Es sind typische Handke-Texte, deren Wahrnehmungen und Analysen von wohltuender Genauigkeit geprägt sind. Es sind kleinere Arbeiten, die Helligkeit und „Appetit auf die Welt" ausstrahlen, in der sich Handke als Zuschauer sieht und authentische „Bilder aus dem eigenen Leben" sichtbar macht. Gültiger und verbürgter jedenfalls als sein vermeintlicher Biograph.

Georg Pichler
Die Beschreibung des Glücks
Peter Handke. Eine Biografie
Gebunden, 207 Seiten, € 19,90
Verlag Ueberreuter, Wien 2002

Peter Handke
Mündliches und Schriftliches
Zu Büchern, Bildern und Filmen 1992 – 2002
Gebunden, 165 Seiten, € 19,90
Suhrkamp Verlag, Frankfurt am Main 2002

9. Keine nacherzählbare Geschichte

Peter Handkes nicht so „Grosser Fall"

Die neue Erzählung Peter Handkes, „Der Große Fall", ist eine mit vielen Fragestellungen und Fragezeichen. Die erste Frage, schon beim Lesen der Anfangsseiten, die ich mir naturgemäß gestellt habe, war, ob der Suhrkamp Verlag dieses Manuskript zur Vervielfältigung und zum Vertrieb in Buchform angenommen hätte, wenn ein weniger bekannter oder völlig unbekannter Autor es dem Lektorat zur Prüfung überlassen hätte. Ich denke, dass ich in diesem Fall eine Antwort schuldig bleiben darf.

Peter Handke hat im Jahr 1987 eine großartige „Berufs"erzählung veröffentlicht, den „Nachmittag eines Schriftstellers". Ein Text, der glaubwürdig und nachvollziehbar war, im weitesten Sinn sogar spannend. Nun hat er sich mit einer weiteren Profession beschäftigt, und zwar mit der des Schauspielers. Dem „Großen Fall" können die zuletzt gebrauchten Attribute beziehungsweise Superlative nicht nachgesagt werden, nicht einmal beim besten Willen und in Kenntnis der Rezensionen des bundesdeutschen Feuilletons, was zu begründen sein wird.

Im „Großen Fall" liest man keine nacherzählbare Geschichte. Wie vermerkt, geht es um einen namenlosen und in die Jahre gekommenen Schauspieler, der die Öffentlichkeit meidet und ab dem folgenden Tag in einem Film über einen Amoklauf die Hauptrolle spielen wird. „Mit seinen Filmen war er zum Star geworden, ... " Und: „Seit ein paar Jahren war er nicht mehr aufgetreten, weder auf einem Theater noch im Film."

Die Story ist nicht klassisch, der Erzählbogen ist es aber. Die Geschichte beginnt am Morgen, als der Schauspieler „im Haus der Frau", mit der er die Nacht verbracht hat, aufwacht, um dann – die Wälder durchstreifend – in die Megapole, mit der offensichtlich Paris gemeint ist, zu gehen, wo er am Abend die Frau, „die ihm gut war", wiederzusehen.

Es geht um das Gehen, Gehen und noch einmal Gehen. Trotzdem kommt die Geschichte nur sehr langsam vom Fleck. „Der Große Fall" ist eine einzige Bewegungsgeschichte, eine solche der Schneckenbewegung, wobei der Schriftsteller den Schauspieler vor der Begegnung mit der guttuenden Frau, wie knapp davor auch immer, innehalten lässt. Die kleinen Erlebnisse des Gehers im Anzug und dem zu Boden gerichteten Blick formuliert Handke wie Wort gewordene Augenblicksaufnahmen.

Eine Waldlichtungsszene, die Handke ebenso sehr genau beschreibt, wirkt wie eines seiner Theaterstücke aus den letzten Jahren oder zumindest eine umfangreiche Szene daraus. An der Leserin und dem Leser huschen alle vorbei, die Fitnessläufer, Radfahrer, Pilzsucher und Wanderer, ja sogar der Präsident mit Leibwache, der den Schauspieler am Abend für seine Leistungen auszeichnen sollte, wozu es jedoch nicht kommen wird, weil sich der Mime der Auszeichnung entzieht. „Ja, der Schauspieler würde, das war nun beschlossen, die Feier zu seinen Ehren, am Abend dort unten, dort in der Hauptstadt, sein lassen."

Eigentlich könnte man die ganze Theater-Szene „Augenzeugenbericht" nennen, wie einen Handke-Text aus seiner Autorenfrühzeit. Der Autor selbst nennt es „neues Welttheater". Und zur Erklärung heißt es in Handkescher Manier: „Die Unbekannten bildeten ... ein Miteinander."

Beim Lesen wartet man zweihundertneunundsiebzig großzügig bedruckte Seiten lang auf den „Großen Fall". Erfolglos. Oder vielmehr vergeblich. Der letzte Satz lautet: „Statt dessen der Große Fall." (Und der allerletzte, kursiv und kleiner gesetzt: „Great Falls, Montana, Juli-September 2011".) Vielleicht meint Handke mit dem „Großen Fall" den letzten Vorhang im Theater. Wer weiß.

Wirklich beeindruckend ist die Idee Handkes, die er weit vor dem Ende, im „neuen Welttheater" in den Text einfügt, wenn er preisgibt, dass der joggende Präsident am Abend eine Kriegserklärung abgibt. Auch ein möglicher „Großer Fall"...

Peter Handke macht in der Erzählung viele Anspielungen auf seine Biographie und sein Werk: „Und der Priester nannte den Schauspieler dazu bei einem Namen: ‚Christoph – denn Sie tragen, du trägst das Gewicht der Welt!'" Gut, dass Handke sein Gewicht auch auf die leichte Schulter nehmen kann. Manche Stellen erwecken den Eindruck, der Autor sei der Schauspieler selbst und dann, er sei sein Sohn.

Dieses Buch ist etwas Langweiliges, ... aber für Feinschmecker. Es dient sich mit belanglosen Wichtigkeiten, aber auch wichtigen Belanglosigkeiten an. An vielen Stellen meidet es jede Intellektualität, die hin und wieder eine Schreibprämisse gerade dieses Autors war. Natürlich kann Handke – auch in diesem Werk – schreiben und beschreiben wie kein Zweiter.

Und mit Sätzen von bisher nicht gekannter Qualität überraschen: „An dem Tag des Großen Falls überfiel ihn die Zeitnot aus einem besonders heiteren Himmel."

Störend sind dagegen die christologischen Fetzen aus Gebeten und Ritualen, meist an den Absatzenden, abgesehen davon, ob es über ein Neugeborenes „in einem Körbchen" heißt: „Vater, warum hast du mich verlassen?" oder es gar lateinisch wird: „Veni, Creator Spiritus!"

Gleichzeitig mit dem „Großen Fall" ist interessante Sekundärliteratur erschienen, die Monographie „Peter Handke. In Gegenwelten unterwegs" (Sonderzahl Verlag, Wien 2011) von Evelyne Polt-Heinzl, einer ausgewiesenen Handke-Forscherin und Germanistin. Handkes Werk wird einer systematischen Relektüre unterzogen und den gesellschaftlichen Befindlichkeiten in den vergangenen fünf Jahrzehnten gegenübergestellt. Evelyne Polt-Heinzl eröffnet der Leserin und dem Leser neue Perspektiven und Zugänge.

Wie auch immer, Peter Handke ist so und so ein bedeutender Schriftsteller.

Peter Handke
Der Große Fall
Erzählung
Gebunden, 279 Seiten, € 18,95
Suhrkamp Verlag, Berlin 2011

Evelyne Polt-Heinzl
Peter Handke
In Gegenwelten unterwegs
Taschenbuch, 168 Seiten, € 16,00
Sonderzahl Verlag, Wien 2011

10. Der (nicht)fotografierte Handke

Lillian Birnbaums Wie-lebt-ein-Dichter-?-Monographie

Ich vermute, dass es in der deutschsprachigen Literatur nur zwei Schriftsteller gibt, deren Leben noch genauer erfasst und erforscht ist als jenes Peter Handkes, nämlich Johann Wolfgang von Goethes und Franz Kafkas. Für Kafka kann ich mit ziemlicher Sicherheit feststellen, dass weltweit täglich ein Buch über ihn erscheint, beispielsweise in Frankfurt, Tokio oder Paris beziehungsweise in Graz, Ljubljana, London oder Klagenfurt/Celovec.

Auch die Sekundär- und Tertiärliteratur über Peter Handke wird demnächst unüberblickbar, obwohl im postgooglenden Zeitalter gleichsam nichts verborgen bleiben kann. Am Rand sei bemerkt, dass beim Verfassen dieser Handke-Affirmation die Suchmaschine für seinen Namen in 0,10 Sekunden nicht weniger als 1,100.000 Ergebnisse erzielt – Fotos, News und andere Masken nicht mitgerechnet.

Den Handke-Fotoband Lillian Birnbaums kann man dennoch als *outstanding* bezeichnen, weil nicht jeden Tag Bilder aus dem unmittelbaren, das heißt, privatem Umfeld des Schriftstellers an die Öffentlichkeit gelangen.

Die Fotografin ist eine in New York geborene Künstlerin, die in Paris lebt, wo sie den Schriftsteller oft, meist an Sonntagen, in seinem Haus nahe der Hauptstadt besucht hat, um ihn aus verschiedenen Anlässen zu porträtieren. Die entstandenen Porträts sind jedoch nicht Gegenstand dieser Wie-lebt-ein-Dichter-?-Monographie. Im Buch zeigt sie dem Leser und der Leserin sowie der Schauerin und dem Schauer Gegenstände aus dem Haus und Garten. Der Dichter wird in diesem Band nicht gezeigt. Er bleibt ... verborgen. Birnbaum porträtiert ihn tatsächlich „in seiner Abwesenheit". Eigentlich ein neuer, schöner Einfall.

Die Frage, warum Lillian Birnbaum Haus und Garten abbilden durfte, also seine *privacy*, die beispielsweise Uwe Johnson über alles wichtig war, tangieren konnte, liegt auf der Hand. Birnbaum und ihr Ehemann, der österreichische Schriftsteller Peter Stephan Jungk, gehören zu seinem Freundeskreis. Die Fotografin genoss sozusagen das uneingeschränkte Vertrauen des Hausherrn.

Die „Portraits" sind Abbildungen kleiner Installationen. Sichtbar werden alltägliche und unalltägliche, gewöhnliche und ungewöhnliche sowie bedeutende und unbedeutende Dinge eines offensichtlich interessanten Hauseigentümers. Handkes farbig, aber auch schwarz-weiß - durch Linsenblicke - sichtbar gemachtes Eigentum sind eine antike Adler-Schreibmaschine, Bleistifte und Stummel, Bücher, auch mit – von Wind und Wetter – gekrümmten Einbänden, ein Dreirad in seiner Einsamkeit, Einrichtungsgegenstände natürlich, Farbstifte und Stummel, Federn, Gewürze, eine – man muss es so sagen – jugoslawische Ikone, eine Kinderschaukel aus Holz und ein Kinderwagen aus Metall sogar, Kleidungsstücke, Lebensmittel, Manuskripte in Schönschreibschrift, Münzen, Notizbücher und noch einmal Notizbücher, Nüsse, Pilze, Postkarten, Sakkos, ein stark benutztes Slowenisch-Deutsch-Langenscheidt-Wörterbuch, unedle Steine, Schuhe und Stecken sowie Übersetzungen von Handke-Werken in viele Sprachen dieser Welt. Als letztes Bild sind die Hände des Dichters beim Pilzputzen zu sehen. Der rechte Daumen und Zeigefinger halten zu diesem Zweck ein stark geripptes Steakmesser.

Die Bilder sind sehr bunt und verschieden. Mit Sicherheit kann man feststellen, dass ein solcher Fotoband in keinem anderen Haushalt zustande kommen könnte. Peter Handke ist beim Schreiben und im Leben ein eigenständiger und nichtnachmachbarer oder plagiierbarer Monolith, ein Mann mit einem eigenen Stil. Natürlich könnte dieser Stil hier nicht ohne die Kunst und Kunstfertigkeit Lillian Birnbaums, die eine Könnerin ist, zum Ausdruck kommen. Birnbaum hat, um es noch anders zu sagen, einen Blick, wie wenige Fotokünstlerinnen. Es wäre zu einfach, einfach zu sagen, sie habe Stillleben aneinandergereiht. Birnbaum ist mehr gelungen, viel mehr. Nahezu ein kleiner (Stumm-)Film aus und mit den Lebensumständen eines österreichischen Dichters in Frankreich.

Die Buchausgabe fällt in die Kategorie *directors cut*, zumal zum „Film" auch Text geboten wird, und zwar von der Autorin, dem Porträtierten und dem langjährigen Handke-Kenner Peter Hamm. Birnbaum erklärt mit einer knappen Notiz, wie und wann die Bilder in den Jahren zwischen 1994 und 2008 entstanden sind: „... intensive, schöne Sonntage." Peter Hamms „Versuch über das Haus des Dichters", geschrieben im Juni 2011, erklärt, dass Handke in seinem Werk „Mein Jahr in der Niemandsbucht" auch sein „fast hundert Jahre altes unverputztes Sandsteinhaus", ein „edles Haus", und Chaville dargestellt habe. Hamm konstatiert, Handke lebe in diesem Haus allein mit der „feinen Pracht der Leere". Handke selbst ist im Fotobuch mit einem Ausschnitt aus seinem „Versuch über den geglückten Tag" vertreten. Eine geglückte Auswahl. Das erste Buch, das der Dichter in seinem Haus, das er im Jahr 1990 bezogen hat, schrieb, war der dritte und letzte der „Versuche", der „Versuch über den geglückten Tag".

Lillian Birnbaum
Peter Handke
Portrait des Dichters in seiner Abwesenheit
Fotoband
Kartoniert, zahlreiche Farbabbildungen, 104 Seiten, € 28,95
Müry Salzmann Verlag, Salzburg – Wien 2011

11. Der vierte „Versuch"

Peter Handke über Stille und stille Orte

Peter Handke, behaupte ich, war immer die Gegenpartei, die literarische Gegenbewegung. In den Jahren des weltpolitischen Umbruchs hat er über scheinbar, zumindest zu diesem Zeitpunkt, „unwichtige" Themen geschrieben. Er veröffentlichte im Jahr 1989 den „Versuch über die Müdigkeit", ein Jahr später folgte der „Versuch über die Jukebox". Den vorläufigen Abschluss dieser erzählerischen Umkreisungen des Alltags bildete der „Versuch über den geglückten Tag". Zwanzig Jahre danach, die Weltpolitik hat immer noch Probleme, jetzt aber andere, legt er einen neuen Versuch vor, der zunächst irritiert: den „Versuch über den Stillen Ort", nachdem er, wie er schreibt, diesen nun schon fast ein Leben lang ein- und umkreist. Einen Ort, der, „wie der Name schon sagt", einschließt (Klosett) und der „Abgeschlossenheit und Nächstenferne" garantiert.

Der Essayist Handke verspricht, in diesem „Versuch" seine Geschichte mit dem stillen Ort nachzuerzählen beziehungsweise „nachzuziehen", und zwar parallel beziehungsweise kontrapunktiert zu A. J. Cronins Roman „Die Sterne blicken herab", in dem der junge Held an einem „Stillen Ort … ohne Dach, offen zum Himmel" sitzt.

Der Autor fängt bei den Kindheitsklosetts in Ostberlin und im Südkärntner Großvaterhaus an, die aber kein Rückzugsort waren, weil er einen solchen – noch – nicht benötigte. Er bleibt bei seinem ersten Internatstag im Kärntner Tanzenberg/Plešivec stehen, als beim Abendessen zuerst einmal alles in seine Hose geht … vom „Schritt" aus und „klammnaß". Später war das „Klosett" während der Internatsjahre sein „Asylort".

Nach einem großen Zeitsprung befindet er sich eines Nachts in Spittal an der Drau, mehr oder weniger bargeldlos, weshalb ihm als Übernachtungsoption nur das Bahnhofsklo bleibt, das er mit einer 1-Schilling-Münze öffnet und wo er sich einsperrt: „Die Kabine war freilich so klein, daß an ein Ausstrecken nicht zu denken war, und deshalb habe ich mich, den Kopf an der Hinterwand, in einer Art Halbkreis um die Klomuschel geringelt." Gleichsam die ersten Clochard-Erfahrungen des nachmaligen Paris-

Bewohners, der sich dabei, trotz der Entrichtung der Eintrittsgebühr, als ein Illegaler empfand. Assoziativ erwähnt er zur Spittaler Bahnhofstoilette kurz die Entstehungsgeschichte seiner „Wiederholung" und ihres Helden Filip Kobal, der sich in einer ähnlichen Situation oder vielmehr Umgebung wiederfindet.

„Während der Studienjahre verlor das Klosett als Asylort an Bedeutung." Seine Stelle nahmen andere Örtlichkeiten ein, in, an und unter denen Unterschlupf zu finden war, eine Rampe, eine Wahlplakatwand oder sonst etwas. Andererseits fand er seine stillen Orte mitten im Getümmel, im Tumult der Universitätsmensa, wo er William Faulkner, den er zeitlebens erwähnt, las. Auch in diesen „Versuch" sind – neben Cronin – einige Leseerfahrungen eingesprenkelt, zum Beispiel mit Thomas Mann, Tanizaki Jun'ichiro oder Thomas Wolfe, und so heißt es: „Nicht wenige Bücher habe ich gelesen, viele Photos habe ich betrachtet als Vorarbeit für diesen Versuch über den Stillen Ort. (...) Aber kaum etwas davon hat in diesem seinen Platz gefunden."

Das Studienklosett im Universitätsgebäude bekam andere Bedeutungen und wurde an einem Abend beispielsweise zum Ort für Handkes Haarwäsche, beobachtet von einem Professor, der, auch nicht faul, sich für den Besuch eines Tanzcafés herrichtete, und sich, man glaubt es kaum, unter anderem „mit einer Miniaturschere die Härchen aus Ohren und Nasenlöchern" schnitt, was als Episode zu einem „gemeinsamen kleinen Geheimnis" zwischen Professor und Studenten wurde.

Handke holt zwischen den einzelnen Bedürfnisanstalten weit aus, reflektiert über sich und meint, „gar nicht so einzelgängerisch und außenseiterisch" gewesen zu sein: „Ein bißchen sonderbar, ja, aber es gab Sonderbarere." Und dann die Selbsterkenntnis: „Von einem Weltstar weit entfernt". Wie weit?

Es folgen Flugzeug- und Zugtoiletten, aus Klos quellendes Filmblut und die Behauptung, der Haiku-Dichter stoße auf japanischen Tempelgartentoiletten „auf zahllose Motive". Der Autor vergisst nicht auf Friedensreich Hundertwassers neuseeländisches Klo und preist es. Allein seinetwegen sollte man, empfiehlt er, dorthin reisen. (Und Marie-Antoinette isst weiter Kuchen...) Handke erwähnt sogar die Sphärenmusik mancher luxuriöserer Orte.

Die „nachjapanischen Jahre und Jahrzehnte" nutzte er zu Gesellschaftsstudien, womit beileibe nicht die Abortinschriftenlektüre, die Handke

„Flapsereien und Sperenzchen" nennt, gemeint ist, sondern die Muster, die brennende Zigaretten auf der WC-Keramik hinterlassen, wohin sie zum Wasserlassen und folgendem Händewaschen abgelegt wurden, aus denen aber rein gar nichts herauszulesen ist, weder eine dramatische noch epische Spur. Die Glut- seien jedenfalls keine Kampfspuren. Nicht verschwiegen sei die Forschungstätigkeit des Essayisten auf den Stillen Orten, die er weltweit fotografiert habe. Er sei, „einmal drinnen", immer auf der Suche nach den geometrischen Gestalten gewesen, wobei er Kegelstümpfe, Kreise, Ovale, Zylinder, und, und, und entdeckte. Der Vollständigkeit halber sei erwähnt, dass Handke nicht an Hinterlassenschaften, sondern Äußerlichkeiten denkt. „Aber Schluß jetzt mit der Ironie; nicht zum ersten Mal erkenne ich, daß die, zumindest im Schriftlichen, nicht meine Sache ist."

Die Orte seien „pittoresk, mondän, versnobt, rudimentär, erbärmlich, weltverlassen" gewesen und er habe sie in der obersten Etage von Wolkenkratzern und in den letzten Wellblech-Favelas gesehen. Von manchen Balkantoiletten, meint der notorische Serbien-Interessenvertreter, schweige er lieber, lässt aber nicht unerwähnt, dass im Jahr 1999 ein kleines Mädchen im Jugoslawien-Krieg „von einem Bombensplitter, quer durch die Klosettwand, getötet worden ist." Nicht uninteressant ist Handkes Nomenklatur der Stillen Orte, hier seien beispielsweise und ohne Vollständigkeitsanspruch einige seiner Begriffe erwähnt: Abort, Abtritt, Astronautenaborte, Barklosett, Bedürfnisanstalt, Friedhofstoilette (in Japan!), Gemeinschaftstoilette, Klosett, Stiller Ort, Tempelabort (auch in Japan), Todeszellen-Abtritte und WC.

Von diesem „Versuch" dürfen sich die Leserinnen und Leser keine ethnologische oder historische Abhandlung über den „Bedeutungswandel der Notdurftverrichtung" erwarten. Keine Untersuchung über mehr oder weniger Scham beim Geschäft, das schon einmal öffentlicher verrichtet wurde als in der Jetztzeit. Naturgemäß wechseln die Stoffwechselsitten nicht nur in der Zeit, sondern – so die Erkenntnis des Autors - auch von Volk zu Volk. In Handkes „Versuch" geht es jedenfalls kultivierter zu als in den „Feuchtgebieten" von Charlotte Roche.

Der Schluss dieses Versuchs ist ein einzigartiger Höhepunkt, nämlich einer der gekonnten Naturbeschreibung, einer sonst selten gelesenen mit genauesten Begriffsbestimmungen vom „Fasaniegieksen" über das „Eselstöhnen" bis zu den „klitzekleinen Ellipsen des Hasenkots". Es ist ein Schluss, der letztlich, fast zu spät, ein doch überzeugendes Buch bewirkt.

Peter Handke
Versuch über den Stillen Ort
Leinen mit Schutzumschlag, 108 Seiten, € 18,95
Suhrkamp Verlag, Berlin 2012

12. Eine Geschichte für sich

Peter Handkes „Versuch über den Pilznarren"

In den Jahren zwischen 1989 und 1991 hat Peter Handke drei „Versuche" veröffentlicht, nämlich über die Müdigkeit, die Jukebox und den geglückten Tag, dann - nach einer langen Pause - im Vorjahr über den „Stillen Ort" und jetzt den „Versuch über den Pilznarren", der die Essays endgültig beschließen soll, wie der Dichter selbst sagt und in der aktuellen Abhandlung, die in der „Pentalogie" die eigenwilligste darstellt, verbrieft ist.

Peter Handke hat nicht unrecht, wenn er im Untertitel programmatisch konstatiert, „Eine Geschichte für sich". Das „Pilznarren-Buch" ist in Ton, Inhalt und Intention im Vergleich mit den ersten drei und dem auch bereits monolithischen vierten etwas Anderes und Eigenes.

Der „Pilznarr" ist allein schon „grundanders", weil der Hobby-Mykologe beziehungsweise Freizeit-Pilzkundler Peter Handke hier mit seinem „Schwammerl"-Wissen prunkt, wie in keinem Versuchskonvolut davor über ein Spezialgebiet. Wir lesen Pilznamen, die der landläufige Genießer noch nicht gehört hat. Mit Eierschwammerln oder Parasolen, Steinpilzen oder gar Trüffeln lässt sich ein Handke nicht abspeisen. Und schon gar nicht bloß auf Deutsch. Er gebraucht für die Bestimmungen neben den deutschsprachigen französische, lateinische und slowenische Namen.

Dieses Buch ist in der „Pentalogie" etwas Eigenes, weil Handke von seinem Modus abgeht, über einen Gegenstand zu schreiben, und zwar insistierend. In diesem Zusammenhang verbalisiert er sein Augenzwinkern, wonach es noch kein literarisches Pilzbuch gäbe. Auch Handke hat es nicht verfasst, weil es ihm um viel mehr geht... Um sein Leben. Seine Geschichte. Um sein Berühmen.

Der Erzähler schreibt im Pilz-Versuch die Geschichte eines Mannes auf, mit dem er Haus an Haus seine Kindheit verbracht hat, ganz offensichtlich im zweisprachigen Kärnten. Die Anspielungen auf Griffen/Grebinj sind unverkennbar. Dieser Mann hat Rechtswissenschaften studiert und ist Verteidiger vor „Internationalen Gerichtshöfen" geworden. Die Handke-Leserin und der Leser werden bald erahnen, feststellen und textlich recherchieren, dass der Erzähler und Jurist ein und dieselbe Figur sind, nämlich der Schriftsteller und Milošević-Verteidiger Peter Handke und niemand anderer, zumal der Autor auf subtile Weise versucht, sein Engagement für den serbischen Politiker und nachmaligen Kriegsverbrecher wenn schon nicht zu rechtfertigen, so doch zu erklären. Und das sei ihm natürlich unbenommen.

Handke erzählt seine Pilz-Genesis von der kindlichen Methode zur Geldbeschaffung über die interessierten Studien bis hin zur „Verwissenschaftlichung" des Freizeitinteresses. Parallel schreibt Handke seine biografischen und bibliografischen Parameter auf: Die Geburt seines ersten Kinds (des Kinds, nicht der Tochter!), seine Karriere mit den Frauen, die von Partnerin zu Partnerin exotischer werden, die Hinweise auf die „Wiederholung" und das „Jahr in der Niemandsbucht", sogar seine berühmte Apotheker-Figur aus Taxham lebt auf. Der Versuch wird zu seiner codierten Lebensgeschichte, die der Handke-Kenner dennoch ohne Schwierigkeiten „entziffert".

Im Buch veranschaulicht Peter Handke, dass er Schriftsteller und nicht Jurist ist. Die Begriffe aus der Rechtswissenschaft werden nicht einwandfrei gebraucht. Hingegen sind seine Naturbeschreibungen vom Feinsten und erreichen einen einsamen Höhepunkt in der Charakterisierung der verschiedenen Blätter, dem Rauschen der Eichen, dem Brausen der Buchen, dem Rascheln der Birken und ihrem Fallen. Der Leserin und dem Leser wird empfohlen, doch einmal, beispielsweise, das Fallen eines Edelkastanienblatts zu beobachten! Viele haben es schon gesehen, aber wahrscheinlich noch nie genau in Augenschein genommen.

Die Beschreibungen der Natur, der Region und der Schreiborte sind so präzise – und klar, dass man sie mit den heutigen digitalen Hilfsmitteln, von denen Peter Handke bekanntlich nichts hält, suchen – und finden - könnte.

Der „Pilznarr" ist, um ein Handke-Wort zu gebrauchen, wahrhaftig. Nur eines kann man ihm nicht abkaufen. Im Versuch heißt es wortwörtlich: „Er war kein Marktschaffer, kein Marktschöpfer, kein Markttyp." Und ob! Kein deutschsprachiger Schriftsteller hat seit den 1960er-Jahren für sich einen größeren und ertragreicheren Markt abgezirkelt als Peter Handke aus Griffen/Grebinj.

Peter Handke
Versuch über den Pilznarren
Eine Geschichte für sich
Leinen mit Schutzumschlag, 216 Seiten, € 19,50
Suhrkamp Verlag, Berlin 2013

13. Eine einfache Fahrt ins Landesinnere

Peter Handkes „Obstdiebin"

Peter Handke hat auf das neueste Buch bereits in seinen Aufzeichnungen mit dem Titel „Vor der Baumschattenwand nachts" (Salzburg 2016) hingewiesen und festgehalten, es solle sein „letztes Epos" sein. Nach den Versuchen sozusagen ein Großversuch... In der „Obstdiebin" hat er Notizen-Motive aus der „Baumschattenwand" ausformuliert und zu Prosa ausgebaut.

Schlägt man „Die Obstdiebin" auf und beginnt zu lesen, fällt einem nach einem halben Buchbogen die heute schon als nobel zu bezeichnende Fadenbindung auf, dann das Wort Niemandsbucht, darauf die sogenannte alte Rechtschreibung und schließlich der relativ große Druck und Durchschuss, weshalb das 558-Seiten-Buch zu bewältigen ist wie ein durchschnittlicher 300-Seiten-Band.

Doch weg von den Äußerlichkeiten und ins Buchinnere, würde der Ich-Erzähler vielleicht sagen... Davor nur noch ein letzter Satz zum Formellen: Die mit einem Untertitel versehene „Obstdiebin" trägt keine Gattungsbezeichnung.

Ein Roman, das sei bemerkt, ist „Die Obstdiebin" nicht. Die Leserin und der Leser folgen Peter Handke aus der Niemandsbucht, das heißt, seinem Altersitz in Chaville bei Paris, einer für die Handke-Gemeinde vertrauten Gegend, in die Picardie, wo sein zweites Haus steht. Die Zeitangabe des Aufbruchs klingt – trotz der allgegenwärtigen IKEA-Werbung – sonderbar. „Diese Geschichte hat begonnen an einem jener Mittsommertage, da man beim Barfußgehen im Gras zum ersten Mal im Jahr von einer Biene gestochen wird." Der Erzähler, Handkes *Alter ego*, macht sich nach dem Stich-Tag im Mittsommer auf die Suche nach der „Obstdiebin". Zuerst zu Fuß, dann mit dem Zug. Die Gesuchte ist ebenso auf der Suche, nämlich nach Vater, Mutter und jüngerem Bruder. Sie durchstreift die Picardie und ernährt sich von Obst, nie von Feldfrüchten. Ein Stück des Wegs begleitet sie ein marokkanischer Pizza-Ausfahrer, der im Buch nicht wirklich das Zeug zum Helden hat.

Der Erzähler versieht die Seiten mit zahlreichen Frage- und Rufzeichen, fast massenhaft. Auf die aufgeworfenen Fragen gibt er zwar Antworten, aber keine richtigen. Auch Tautologien tauchen da und dort auf, wobei eine assoziativer ist als die andere: „Die Welt war die Welt war die Welt." Und man kann an dieser Stelle nur noch anmerken, dass auch Gertrude Stein bemüht wird. Die Gedankenstriche, Fragezeichen und rhetorischen Selbstbestätigungen führen zu stockenden, zögerlichen Sätzen. Der Erzähler nimmt sich rhetorisch zurück, zweifelt, dann wieder bejaht er sich selber, und zwar in der Art, die Handke in ORF-TV-Interviews mit Krista Fleischmann kultiviert hat.

„Die Obstdiebin" ist mit Sicherheit lesbar, aber eigentlich nicht nacherzählbar, zumindest nicht wie ein Roman, zumal das Buch weder eine Handlung noch Spannung kennt. Vielleicht muss man den Schlüssel darin suchen, dass vorerzählt wird. Dabei moduliert Handke seine Stimme der Gegenwartsliteratur in diesem Buch auf ungekannte Art – noch sorgsamer als in den vorherigen.

Die Gegend, die Handke beschreibt, kennt man aus seinen Arbeiten bereits seit Jahrzehnten. Zum ersten Mal, könnte man konstatieren, gibt er das Zeitlose für Gegenwartseinsprengsel auf. Auf einmal schreibt er über Google, Handys und Internet. Für Peter Handke ein literarischer Quantensprung.

Unverkennbar sind die vielen autobiografischen Hinweise, beispielsweise auf die Staatenlosigkeit, die in seiner Kindheit auch ihn betroffen hat. Auf den Zimmermannsberuf, den nicht studieren wollenden Haussohn, der – frühmorgens zuhause angekommen – ansatzlos den Hof kehrt, den verwandten Kriegstoten, der verschollen ist, und so weiter. „Kein Schmerz schmerzlicher, keine Untröstlichkeit untröstlicher als um die Verschollenen." Daten und Parameter, die der Handke-Leser kennt, führt er in diesem Buch doch die Stoffe seiner verschiedenen Werke gleichsam zusammen, wobei sehr stark „Über die Dörfer", „Mein Jahr in der Niemandsbucht" sowie „Der Bildverlust" anklingen, und wie gesagt, die „Baumschattenwand", weil deren Skizzen ergänzt, erweitert und ausgeschmückt werden.

Nicht unerwähnt sei, dass die Reise ins Landesinnere, die man auf der Landkarte genau verfolgen kann, ein Ausflug ist, bei dem zur Sprache kommt, dass das Land von Tod und Terror erschüttert wurde. Liest man „…

ein Auto raste übers Land, wie bereit zu töten", wird einem anders, wird einem die Gegenwart mit ihren ungelösten Problemen bewusst, ... und zwar schmerzhaft.

Zum Schluss, nein, zum *Happy End*, findet mit der „Obstdiebin" sowie Vater und Mutter ein Versöhnungsfest statt. In der verbalisierten Form ein bisher nicht gebrauchtes Handke-Motiv.

Auffallend, aber nicht angenehm, ist das kleine Prunken mit den Sprachkenntnissen. Handke bemüht neben der Werk- die Fremdsprachen Englisch, Französisch, Latein, Russisch, Serbisch und Slowenisch. Wozu, müsste man im Ton der „Obstdiebin" fragen. Nur das gute alte und tote Griechisch fehlt, auf dessen Beherrschung er in anderen Büchern gern hingewiesen hat, beispielsweise am Ende der „Kindergeschichte".

„Die Obstdiebin" ist, wie die schöne „Kindergeschichte" (Frankfurt am Main 1981), eigentlich ein Vater-Tochter-Buch. Die Differenz ist das Nicht-Beantworten der vielen angetippten Anstöße, das Schaffen der bewussten Leerstellen, wahrscheinlich der Wunsch des Erzählers nach dem Schließen derselben durch die Lektüre der früheren Bücher, in denen noch geantwortet, erwidert oder vielleicht sogar repliziert wird.

Die letzten drei Sätze lauten: „Nein, seltsam. Bleibend seltsam. Ewig seltsam." Sie können auch als Resümee des erzählenden Tagediebs für „Die Obstdiebin" stehen. Zu Recht.

Peter Handke
Die Obstdiebin
Oder Einfache Fahrt ins Landesinnere
Leinen mit Schutzumschlag, 558 Seiten, € 35,00
Suhrkamp Verlag, Berlin 2017

14. Eine Geschichte, die er noch keinem erzählt hat

PETER HANDKE SPANNT EINEN BOGEN VON DER ANTIKE IN DIE JETZTZEIT

Ursprünglich kommt Peter Handke aus dem zweisprachigen Griffen/Grebinj in Kärnten. Als bekannt wurde, dass ihm der Nobelpreis für Literatur verliehen werde und er an seinem Gartenzaun in Chaville bei Paris eine Pressekonferenz improvisierte, bedeutete er den Journalistinnen und Journalisten, was er davor schon anlässlich einer Feier in seinem Heimatort sinngemäß erklärte: „Ich bin ein Schriftsteller, komme von Tolstoi, ich komme von Homer, ich komme von Cervantes, ..." Nicht vergessen darf man darüber, dass der humanistisch gebildete Dichter aus der vatikanisch-katholischen Tradition kommt. Die christliche Sitte und Überzeugung gehören immer zu seinen literarischen Ingredienzien. In einem Vortrag zum siebzigsten Geburtstag des Dichters hat der urteilsfähige Theologe Egon Kapellari festgestellt: „Das genaue Nachfragen nach Handkes Religiosität bleibt legitim, wenn es nicht einengend ist." Im Übrigen, überlegte Kapellari, lasse er die Kant'sche Frage, „ob ein Gott sei", in seinem Werk offen.

Das neue Buch Peter Handkes, die „Dämonengeschichte" mit dem Titel „Mein Tag im anderen Land", spannt einen besonders großen Bogen, nämlich von der Antike über das Christentum bis in das Heute mit einem „Boot für die Überfahrt samt Einhandruder und Außenbordmotor ...", wozu nebenbei bemerkt werden muss, dass ein solches Zeitabenteuer auf großzügig gesetzten fünfundachtzig Kleinformatseiten in der deutschsprachigen Literatur – derzeit - nur Meister Handke beherrscht.

Das vorangestellte Motto des griechischen Lyrikers Pindar aus dem fünften Jahrhundert vor Christus, „Ich, Idiot, ins Gemeinwesen gestellt", ist programmatisch für den Text. Pindars dreigeteilte Oden sind notorisch. Sein Nachfolger aus der Jetztzeit hat seine „Dämonengeschichte" ebenso in drei Teile gegliedert, wobei sich jeder folgende verschmälert und der dritte kaum noch fünf Seiten umfasst.

Der Held des Buchs ist ein Obstgärtner, vermutlich stammt er aus Handkes letztem größerem Werk, der „Obstdiebin". Durch das Verfassen eines naturkundlichen Werks, „Über die drei Arten, Spalierbäume zu ziehen", wird er im Dorf zum Außenseiter, zumal es „als etwas für unsere Region Fremdes, gar Anmaßendes, wenn nicht Macht Behauptendes" war. Hier kann der Erzähler durchaus sich selbst meinen und ziehen sich solche Anspielungen durch das ganze Buch. An anderer Stelle heißt es aufschlussreich, er schreibe inzwischen andere Bücher als über den Obstbau. Es wäre möglich, wegen der bedeutungsvollen Hin- und Verweise Handkes Gefühle - als einem in der großen Öffentlichkeit stehenden Schriftstellers – aus diesem seinem „Tag" abzuleiten.

Die Eltern des Obstgärtners, der eine Vorliebe für die Apfelsorten Boskoop, Jonathan, Ontario und vor allem für die Gravensteiner hat, sind verstorben. Seine einzige familiäre Bezugsperson, Vertraute und Richtungsweiserin, sogar Helferin ist seine namenlose Schwester. Vieles mutet absonderlich an. Beispielsweise die Behausung, ein Zelt am Rand eines alten Friedhofs, in dem er von der Schwester mit dem Allernötigsten versorgt wird. Sie bringt ihm neben Äpfeln das Hausbrot mit eingebackenen Bucheckern und Haselnüssen. Er verschreckt die Dörfler, indem er sie beschimpft, beiseite spricht und wütet, auch in einer nichtexistierenden Sprache.

Im zweiten Teil wird er schließlich, wie durch ein tiefkatholisches Wunder, vom „Guten Zuschauer" erlöst, das heißt, von den Dämonen befreit. Die Verwandlung erinnert an das im Jahr 2020 erschienene Buch „Das zweite Schwert. Eine Maigeschichte", in der der Held im Pariser Umland seine Irrfahrt praktiziert. Der von den bösen Geistern entbundene Held schifft dann über den großen Teich, trifft auf seiner Wanderung, über die mit schönen, fast lyrischen, aber immer poetischen Beschreibungen berichtet wird, auf viele Menschen, die ihm auf einmal vertraut sind. „Mit einem Bleistift in der Hand / kommst du durch das ganze Land!" Er erreicht dann Dekapolis, das Land der zehn Städte, wo er, man glaubt es kaum, Freunde und seine Zukünftige findet, die er heiratet.

In Kursi auf den Golanhöhen, wo eine andere Hauptperson, Jesus Christus, zwei Jahrtausende früher Besessene heilte, findet zum Schluss, nein, zum *Happy end*, nicht wie in der „Obstdiebin" ein Versöhnungsfest statt, sondern eine andere „Festlichkeit", eine Art Geburtstagsfeier mit einer kleinen Gesellschaft, „fremd einer dem anderen, und doch, auf eine Weise die

Fremdheit still bewahrend, eines Sinnes." In der verbalisierten Form ein bisher kaum gebrauchtes Handke-Motiv, wobei noch einmal auf „Die Obstdiebin" zu verweisen ist. Handke kommt gegen Ende nicht ohne einen Ratschlag aus, der folgend lautet: „Und schreib dir das auf einen Zettel und nähe dir den ins Gewand, oder stecke ihn dir in den Arsch."

Bevor Handkes Hauptdarsteller letztlich zu einem „Lasser" wird, erinnert er sich beim Blick in den Spiegel, dass zu seinem Charakter der Widerstand gehört. Darin könnte man die Kontinuität in seinem Werk und seinem Gedankengebäude oder seiner Gedankenwelt sehen. Handke hat im Jahr 2020 neben dem „Schwert" auch eine „Szene" für die Salzburger Festspiele mit dem Titel „Zdenek Adamec" geschrieben, die sich mit dem achtzehnjährigen Prager beschäftigt, der sich aus Protest gegen den Zustand der Welt im März 2003 vor den Augen der Öffentlichkeit auf dem Wenzelsplatz der tschechischen Hauptstadt verbrannt hat. „Aber wo ist das Widerständische, wo ist der Widerstand geblieben, der Teil deines Naturwesens ist, des ungesellschaftlichen, auch nicht zu vergesellschaftenden, zeitweise gar gesellschaftsfeindlichen?" (Vielleicht sogar in Handkes Gebrauch der sogenannten alten Rechtschreibung in diesem und allen anderen seiner Werke.)

Dieses Buch liest die Handke-Gemeinde nicht, sie entziffert es – mit wachsender Freude. Der erste Satz verheißt viel: „In meinem Leben gibt es eine Geschichte, die ich noch keinem Menschen erzählt habe." Wessen Neugierde wird nicht geweckt... „Mein Tag" bietet weder eine besondere psychologische Problematik noch große dramaturgische Volten. Aber ein gerüttelt Maß an Pathos. Einerseits wird eine Nähe zu ruhigen Teilen des Neuen Testaments spürbar. Andererseits ist der Weg nach Dekapolis ein katholisches Exerzitium, das den Obstgärtner verwandelt. Seine Dämonen vom Anfang der Geschichte verlieren ihren Schrecken, wenn sie tatsächlich je einen gehabt haben sollten.

„Mein Tag im anderen Land" fügt sich in das Alterswerk des Kärntner Nobelpreisträgers. Wie schon das schwedische Komitee konstatierte, ist sein Werk einflussreich und untersucht mit sprachlicher Genialität die Peripherie sowie die Spezifität der menschlichen Erfahrung. Eigentlich bringt diese Begründung auch das neueste Bändchen auf den Punkt.

Peter Handke
Mein Tag im anderen Land
Eine Dämonengeschichte
Leinen mit Schutzumschlag, 93 Seiten, € 18,50
Suhrkamp Verlag, Berlin 2021

Peter Handke
Das zweite Schwert
Eine Maigeschichte
Klappenbroschur, 157 Seiten, € 20,60
Suhrkamp Verlag, Berlin 2020

Peter Handke
Zdenek Adamec
Eine Szene
Klappenbroschur, 70 Seiten, € 20,60
Suhrkamp Verlag, Berlin 2020

15. Zwei Bücher zum hohen Geburtstag eines Meisters

Peter Handkes „Kleine Fabel" und ein Notizbuch

Die „Kleine Fabel der Esche von München" wurde bereits zweimal in Prosasammlungen Peter Handkes veröffentlicht, zuerst im Jahr 1990 im Band „Noch einmal für Thukydides" im Salzburger Residenz Verlag und 2016 in der Nobeledition Bibliothek Suhrkamp. Damit nicht genug. Den Text findet man auch in der „Handke Bibliothek I – Bände 1 - 9 - Prosa, Gedichte, Theaterstücke", die im Suhrkamp Verlag im Jahr 2018 erschienen ist.

Gleichsam wiederholend scheint die Prosaetüde im Buch, das der Petrarca-Kreis als Geschenk an den Meister zum achtzigsten Geburtstag versteht, wiederum dreimal (!) auf. Einmal als locker, das heißt, großzügig gesetzter Buchtext, dann als handschriftliches Faksimile auf den geraden Buchseiten und als gedruckte Flattersatz-Transkription – parallel - auf den ungeraden. Irgendwie muss man auf halbwegs ansehnliche achtzig Seiten kommen. Darunter wäre es kein angemessenes Geburtstagsgeschenk.

An dieser Stelle ist ein kleiner Exkurs erforderlich. Der Petrarca-Preis war ein - nach Francesco Petrarca und von Hubert Burda nach einer Idee von Peter Handke gestifteter und großzügig dotierter - Literaturpreis. Vergeben beziehungsweise zugesprochen wurde er in den Jahren von 1975 bis 2014. Danach beziehungsweise dazwischen wurde, gewissermaßen in der Nachfolge, einige Zeit lang der Hermann Lenz-Preis verliehen.

Zum Petrarca-Preis wurde eine Edition gegründet, in die Werke der Ausgezeichneten aufgenommen wurden, beispielsweise von Lars Gustafsson, Peter Hamm, Alfred Kolleritsch oder Jan Skácel. Für die Auswahl haben Hubert Burda, Peter Hamm, Peter Handke, Alfred Kolleritsch und Michael Krüger gesorgt. (Auf die Übereinstimmung oder Wiederholung einiger der bekannten Namen muss nicht ausdrücklich hingewiesen werden.) Mittlerweile gibt es weder den Petrarca- noch den Lenz-Preis, die Edition im Wallstein Verlag hat aber die Zeitläufte bisher heil überstanden.

Zum achtzigsten Geburtstag Peter Handkes, zu feiern am heurigen 6. Dezember, hatten wohl die überlebenden Editoren, Hubert Burda und Michael Krüger, die Idee, den Nobelpreisträger mit einem sehr eleganten Buch zu ehren. Es ist tatsächlich ein schönes Geburtstagspräsent geworden. In Leinen gebunden, mit einem Schutzumschlag versehen und einem Nachwort Michael Krügers sozusagen geadelt oder – etwas bürgerlicher – veredelt.

Peter Handke beschreibt im Band eine Esche, die tatsächlich in der Münchner Schackstraße (noch immer) steht. Mitten in der bayerischen Metropole. Er umkreist sie, um sie zu beschreiben, zu erkunden und zu porträtieren. Er wird ihr einmal aus der Nähe und dann aus der Ferne gerecht. Handke interessiert alles, und zwar die Äste, die Krone, das Laub, die Rinde, der Stamm, und vor allem die Farben, die er an der Esche sieht, es sind bisher kaum gekannte Farbnuancen von klargrau über bekannte von kohlengrau bis grün oder blau.

Einen Baum zu beschreiben, ist nicht die einfachste Unternehmung. Peter Handke gelingt sie, er hat das (Handwerks-)Zeug dafür, um es salopp auszudrücken. Er hat vor allem die notwendige schriftstellerische Geduld.

Insgesamt ist es ein besonnener und überzeugender Text, bar jeder Überspitzung oder Ruhelosigkeit. Eigentlich ein klassischer Handke.

Wegen der Vollständigkeit sei festgehalten, dass der Titel in der Handschrift „Kleine Fabel der Esche am Siegestor in München" lautet und offensichtlich vom Autor für die Veröffentlichung auf „Kleine Fabel der Esche von München" nicht wirklich gekürzt, aber modifiziert wurde(, wie es ein Jurist ausdrücken könnte).

Dem dreifachen Abdruck des einfachen Texts folgen Schwarz-weiß-Fotografien Isolde Ohlbaums, die nicht überzeugen können, weil sie künstlerisch eintönig sind. Sie sind nicht imstand, die Größe und Schönheit, die der Autor literarisiert, angemessen zum Ausdruck zu bringen. Mit anderen Worten, der Bildteil ist langweilig. (Bei diesem buchdrucktechnischen Aufwand eigentlich schade...)

Kurzweilig, interessant und lebendig hingegen, wenn nicht sogar mit Niveau unterhaltsam, weil abwechslungsreich, ist Michael Krügers Nachwort, das Handkes Text umfangmäßig fast um eine Hälfte übertrifft. Es ist eine würdige Freundschafts- und Geburtstags"geschichte". Diese Niederschrift macht den Band erst zum Geschenk für den Jubilar.

Michael Krüger erzählt in der Tat eine Geschichte. Lesen kann man anbei Wörter, die man wahrscheinlich in diesem Werk nicht vermutet und im Leben mit ziemlicher Sicherheit (noch) nicht gehört hat. Binsenschmuckzikade, Blattnestlaus, Eschenzweiglaus, Vogelzungenbaum, Zwergdeckelschnecke oder Zwieselmotte. (Ich selber lerne immer gern „dazu", naturgemäß auch von Dichtern und Dichterinnen.)

Michael Krüger verortet die Esche geografisch und begründet Peter Handkes Verbundenheit mit München. Die Namen Hubert Burda sowie Hermann Lenz und Hanne Lenz werden genannt. Auch Kafka, aber in einem anderen Zusammenhang.

Der Nachwortautor legt offen, wie unter der oder im Schatten der zitierten Esche der Petrarca-Preis ins Leben gerufen wurde. Und von wem. Die Esche hat die Schöpfer in Wirklichkeit „überschattet"…

In Einem gebe ich dem unübertrefflichen Michael Krüger gern recht, und zwar, wenn er unverblümt feststellt: „Ich weiß natürlich, dass die Literaturgeschichte eine nicht besonders kluge, gerechte und nicht einmal besonders literarisch gebildete Dame ist." Krüger ist im Grund ein bisschen das Gegenteil dieser Lady.

Zum Abschluss schreibt Michael Krüger über Präsente. Peter Handke hat das handschriftliche Original der „Fabel" Hubert Burda geschenkt und die Petrarca Edition, wie gesagt, Handke zum achtzigsten Geburtstag das noble Buch. Alles gleichsam Hand in Hand.

Zum achtzigsten Geburtstag des Nobelpreisträgers erscheint neben der "Kleinen Fabel" ein weiterer Band. Eines von Handkes Notizbüchern wird erstmals vollständig in einer Transkription der Handschrift veröffentlicht. Es dokumentiert vor allem eine ausgedehnte Reise, die er im Sommer 1978 zu Fuß, mit dem Bus und der Bahn unternommen hat. Die Reise führt ihn aus seiner Herkunftsgegend in Kärnten nach Slowenien, in den Karst und nach Norditalien. Neben dem fortlaufend Niedergeschriebenen erweisen sich auch die vielen, teils ganzseitigen Zeichnungen als wichtige Vorarbeiten für die später erschienenen Erzählungen, insbesondere die "Langsame Heimkehr" (1979) und "Die Wiederholung" (1986).

Peter Handke hat seit Anfang der Siebzigerjahre des vorigen Jahrhunderts tausende Notizbuch-Seiten beschrieben. Die Hefte und Blöcke, die in Jacken- oder Hosentasche passen, sind bis heute seine ständigen Begleiter - zuhause und unterwegs. Aufgezeichnet werden Selbstgespräche und poetische Reflexionen, Einfälle und Ideen für literarische Pläne, vor allem aber

Gehörtes, Gelesenes und Gesehenes. »Ich übte mich nun darin, auf alles, was mir zustieß, sofort mit Sprache zu reagieren, und merkte, wie im Moment des Erlebnisses gerade diesen Zeitpunkt lang auch die Sprache sich belebte und mitteilbar wurde."

Alles Gute zum Geburtstag, vse najboljše za rojstni dan, Peter!

Peter Handke
Kleine Fabel der Esche von München
Mit Fotos von Isolde Ohlbaum und einem Nachwort von Michael Krüger
Leinen mit Schutzumschlag, 79 Seiten, € 20,60
Edition Petrarca
Wallstein Verlag, Göttingen 2022

Peter Handke
Die Zeit und die Räume
Notizbuch 24. April – 26. August 1978
Herausgegeben und mit einem Nachwort von Ulrich von Bülow, Bernhard Fetz und Katharina Pektor unter Mitarbeit von Vanessa Hannesschläger
Fester Einband mit Schutzumschlag, mit farbigen Abbildungen, 311 Seiten, € 35,00
Suhrkamp Verlag, Berlin 2022

16. Gustav Januš verwandelt Worte in Farben

»Gesammelte Gedichte« zum »runden« Geburtstag

mit Übersetzungen Peter Handkes

Der Kärntner Lyriker und bildende Künstler Gustav Januš ist am 19. September 2009 siebzig Jahre alt geworden. Rund um seinen Geburtstag wurde er gefeiert wie selten ein Schöpfer. Neben drei Ausstellungen im Kärntner Rosegg/Rožek, slowenischen Slovenj Gradec und Feldkirchen in Kärnten, was schon ungewöhnlich genug ist, hat sein Hausverlag, die Hermagoras/Mohorjeva in Klagenfurt/Celovec, den Dichter mit zwei Büchern geehrt.

Bei Hermagoras/Mohorjeva, die bereits das bildnerische Werk angemessen dokumentiert hat, ist das lyrische Gesamtwerk in zwei Bänden erschienen. Im ersten slowenischen Band liest man Januš' Gedichte aus den Jahren zwischen 1962 und 2009 im Original.

Der zweite Band versammelt alle Gedichte, die Peter Handke in das Deutsche übersetzt hat. Erschienen sind die Übersetzungen, mit Ausnahme von zwölf Gedichten, die für diese Ausgabe in das Deutsche übertragen wurden, in vier Lyrikbänden. Statt eines Nachworts ist Handkes Rede „Einwenden und Hochhalten", die er auf den Dichter im Jahr 1984 anlässlich der Verleihung des Petrarca-Preises gehalten hat, abgedruckt.

Ein Vortrag über einen Kärntner slowenischen Dichter, der im Wesentlichen noch heute gilt, und ein paar Zitate enthält, die immer wieder herbeigerufen werden: „Ja, das Schöne sieht man schlecht; aber Gustav Januš ist ihm in all seinen Gedichten auf der Spur. Es gibt kein Gedicht von ihm, das etwas behauptet oder meint. Seine Poeme sind, so könnte man sagen – und das ist es auch, was das Poetische an ihnen ausmacht -, das *reine Hin und Her*. (Gustav Januš hat im Übrigen, soviel ich weiß, noch nie eine einzige Prosazeile geschrieben.) Das reine Hin und Her: Die Schwebe, der Widerstreit, das Dialektische (Verzeihung für dieses Wort). Insofern beschreiben seine Gedichte nicht nur Augenblicke, so wie es die japanischen haikus tun (mit denen Januš' Sprache trotzdem viel gemein hat), sondern ganze Tagesläufe: Das Hin und Her der langen Reise in die Nacht, und zur Nacht hinaus. Und indem jedes Gedicht ein Tageslauf ist, zeigen die Gedichte zusammen einen Lebenslauf; nein – nicht nur einen, sondern viele Lebensläufe, oder einfach nur seinen, meinen und deinen.« *(Wort verwandelt in Farben, S. 259 f.)* Und, um beim syntaxsicheren Handke zu bleiben, damit ist über diesen exemplarischen Kärntner slowenischen Lyriker der zweiten Hälfte des zwanzigsten Jahrhunderts bereits viel gesagt.

Gustav Januš hat seine künstlerische Entwicklung in einem Interview einmal selbst anders und wohl authentisch, jedenfalls interessant, zusammengefasst: »Zuerst habe ich in einer Art Alltagssprache und eher sozialkritische Lyrik geschrieben. Jacques Prévert war mein Vorbild. Das hat bis 1981 gedauert. Weil bei jeder Lesung die Menschen gelacht und geklatscht haben, ist es mit der Zeit schwierig geworden, und ich habe das dann ändern und erweitern wollen. Und seither schreibe ich eigentlich die Lyrik, die ich heute schreibe: ein Hin und Her zwischen einer Alltagssituation und einer abstrakten, unbekannten Situation.« *(Die andere Seite. Hrsg. v. A. Zauner und E. Köstler. Haymon Verlag, Innsbruck 1996, S. 154.)*

Mögen diese beiden Zitate Gustav Januš grundsätzlich richtig zeichnen, so geht durch sein Werk, um wieder an Handke angelehnt zu apostrophieren, dennoch ein unverkennbarer Ruck, der sein Schaffen verändert hat. Im Jahr 1983 ist im Suhrkamp Verlag der Band „Gedichte 1962 – 1983" in Peter Handkes Übersetzung erschienen. Das slowenische Original ist, wie heute, bei Hermagoras/Mohorjeva herausgekommen. Vereinfacht könnte man eine Vor- und eine Nach-Suhrkamp-Phase des Lyrikers konstatieren, womit man wohl nicht ganz falsch liegt. Ab diesem Zeitpunkt schreibt und liest sich Januš gleichsam verändert, fast grunderneuert. War er zunächst ein traditioneller Kärntner slowenischer Lyriker mit einem Quantum Sozialkritik, so ist er nun ein Dichter, der Poeme entwickelt, die auf eine gewisse Intellektualität aus sind, die sich durch Nachdenklichkeit äußert.

Den Lyriker macht jedoch eines unverkennbar, nämlich sein - mit keinem anderen zeitgenössischen slowenischen Dichter vergleichbarer - Tonfall, mit dem er die engere Welt, auf die er sich literarisch kapriziert und die sich im Umfeld seiner Person findet, in Sprache – und Farbe – verwandelt. Und dann bleibt ihm noch immer die glückliche Möglichkeit, die Welt nur in Farbe zu verwandeln.

Gustav Januš
Wort, verwandelt in Farben
Gesammelte Gedichte 1962–2009
Leinen mit Schutzumschlag, 268 Seiten, € 24,00
Hermagoras Verlag/Mohorjeva založba, Klagenfurt/Celovec 2009

Gustav Januš
V barve spremenjena beseda
Zbrane pesmi 1962–2009
Leinen mit Schutzumschlag, 324 Seiten, € 27,00
Mohorjeva založba/Hermagoras Verlag, Klagenfurt/Celovec 2009

17. Es gibt den ungeheuren Anderen

Gedichte von Alfred Kolleritsch

mit einer Einleitung von Peter Handke

Die Gedichte des neuen Kolleritsch-Bands sind einfach, aber auch scharf und unversöhnt. Die Stimme, die uns aus ihnen entgegenklingt, ist unvergleichlich, fast frisch wie vor vierzig Jahren, als sein erster Lyrikband erschien. Dieses Buch erinnert am stärksten an die „Einübung in das Vermeidbare" aus dem Jahr 1978, eines seiner besten, über das Peter Handke affirmativ gemeint hat, es seien „mit Feuerzungen redende Liebesgedichte" in einer sich „dringend" ergebenden philosophischen Sprache.

Das neue Werk ist mit einer freundschaftlichen Einleitung Peter Handkes versehen, aus der zunächst eine Schlussfolgerung getroffen werden kann, und zwar jene, dass auch bleibende Bücher schnell gedruckt und produziert werden können. Handke hat seine kleine Vorbemerkung am 22. Dezember 2012 geschrieben, keinen Monat später, mit den Weihnachten dazwischen, habe ich es bereits in den Händen gehalten und gelesen.

Im „Englischen Gruß", wie Handke seine Zeilen nennt, verrät er dem lesenden Publikum, dass Alfred Kolleritsch „nach schwerer Krankheit und monatelangem Koma neu zum Leben erwacht" ist. „Und so kam es auch mir vor," schreibt Handke, „die neuen Gedichte Alfreds redeten ‚englisch', … das Englisch … eines Engels, … des Engels der Auferstehung", ist doch der „Englische Gruß" keiner in dieser Sprache, sondern jener eines Engels, der Maria verkündet, sie sei „gebenedeit unter den Frauen".

Es klingt dunkel oder sogar ungeheuer, wenn von schwerer Krankheit die Rede ist, doch sind Gedichte an sich, auch die düstersten, nichts anderes als Zeugnisse der Liebe zu den Dingen. Die Verse, desgleichen jene Alfred Kolleritsch' beziehungsweise gerade seine, verwandeln Bewunderung und Zuneigung, Angst und Neugier, die ganze Energie, mit der wir uns Tag für Tag der Welt nähern, ins Wort. Und das Schönste an der Welt? (Auch Handke fragt eigentlich danach.) Das Schönste ist, dass es da den Anderen, die Andere gibt… Was sich keineswegs von selbst versteht, im Gegenteil, dieser Andere ist eine nie nachlassende Herausforderung, eine Zumutung, ein Wunder, ein Schock und mehr. Und dieser Schock bebt in den neuen Kolleritsch-Gedichten vernehmbar nach.

Es sind, prüft man das schmale Werkverzeichnis, die ersten Gedichte nach einer mehrjährigen Pause – und nach einer Erkrankung. Es ist ein lyrischer Neuanfang, meist knapp, immer reduziert und manchmal beinahe fragmentarisch. Ein Gedicht trägt überhaupt den Titel „Fragment". Die Spannung zwischen Denken und Empfinden ist so drängend wie je. Kolleritsch schafft eine Kongruenz, die nur in der Poesie möglich sein kann: »Worte gehen an den Gedanken vorbei, / sie wollen fort / zu den Gedichten.« Oder: Sie wollen Gedicht werden. Dicht werden. Werden.

Die Sprache des begabten Grazer Literaturpolitikers Alfred Kolleritsch steht für den Skeptizismus gegenüber überlieferten Denk-, Gesellschafts- und Verständigungsformen. Sein philosophischer Antitraditionalismus, für den er als Prosaschriftsteller schon bald gelobt wurde, man denke an den „Pfirsichtöter" oder „Die grüne Seite", feiert hier seine lyrische Renaissance, mag es auch in aphoristischer Verbalisierung sein.

Kolleritsch kann ebenso martialisch klingen, wenn er verkündet: „WARTEN, DEM ZORN DER ZEIT/ mit Gegenzorn begegnen", und man kauft es ihm nicht ab, weil dieses Buch trotz „aufgebissene[r] Lippen" Liebesgedichte mit Distanz anklingen lässt, sagt er doch: „ES SIND EINIGE DA/ die geliebt werden". Und sehr kurz, aber prägnant: „ERNEUT DIE ÜBERFLUTUNG:/ das Licht zuerst,/ dann die Nacht,/ die Liebe immer,/ immer der Verlust/ ……".

Programmatisch hingegen klingt, wenn er mit lyrischer Dezidiertheit feststellt: „DIE SPRACHE SO ZU WAGEN,/ dass sie sich im Gedicht verkriecht,/ bringt ein Stück Welt zurück,/ erhält das Schweigen, ehe die Rede scheitert." Alfred Kolleritsch wagt die Sprache, die Literatur und schafft mit seinem eindeutigen Bekenntnis ein Stück Welt, mag es vielleicht an gewissen Stellen leicht elegisch-ironisch anmuten, seine (Grund-)Themen, das Leben und die Liebe, sind dennoch zutiefst lyrisch.

Die erfreulichste Tatsache ist, dass Alfred Kolleritsch, der nach wie vor „manuskripte"-Chef ist, nicht nur Literatur der „Anderen" herausgibt, sondern unentwegt und unverzagt eigene schreibt.

Alfred Kolleritsch
Es gibt den ungeheuren Anderen
Gedichte
Mit einer Einleitung von Peter Handke
Gebunden, 77 Seiten, € 18,00
Literaturverlag Droschl, Graz–Wien 2013

18. Hiermit geschieht Recht

Der österreichische Staatsvertrag und die Kärntner slowenische Literatur seit 1945

Anstatt eines Nachworts

Am fünfzehnten Mai jährt sich zum fünfzigsten Mal die Unterzeichnung des Staatsvertrags von Wien. Eines Vertrags, der Österreich neben Rechten, es wurde frei, auch Pflichten auferlegt hat. Eine vielschichtige Verpflichtung ist im Artikel sieben normiert, in dem die „Rechte der slowenischen und kroatischen Minderheiten" in Österreich reguliert sind. An der sogenannten politischen Durchführung mangelt es, wie der interessierte Österreicher weiß, bis heute. Das Recht wird im formalen Bereich mit Gewissheit niemandem vorenthalten, aber dort, wo es zum Faktischen wird, nicht immer gewährt. Bisweilen wird dieser Vollzug von der Kultur und kultivierten Zeitgenossen substituiert.

Im Frühjahr 1981 ist der Roman „Der Zögling Tjaž" von Florjan Lipuš in der deutschsprachigen Übersetzung Peter Handkes erschienen und wurde am einunddreißigsten März in Anwesenheit des Autors, Übersetzers und damaligen Bundeskanzlers Bruno Kreisky, eines erwiesenen Literaturliebhabers, im Wiener Museum des zwanzigsten Jahrhunderts vorgestellt. Bruno Kreisky hat damals einige sehr wichtige Sätze formuliert, von denen zwei wiederholt seien. Er war der Meinung: „Eine Minderheit hat nicht das Recht auf Gleichberechtigung. Eine Minderheit hat das Recht auf Bevorrechtung."

Ich habe, Lipuš' Roman, die Volksgruppen und das Recht reflektierend, dann in der Mai-Ausgabe des Magazins „Extrablatt" einen Aufsatz veröffentlicht, den ich mit der Überschrift „Der personifizierte Artikel sieben" versehen habe. Mit der Personifikation war niemand anderer als der Übersetzer Peter Handke gemeint, über den ich geschrieben habe, dass er anfängt, zu erfüllen, wozu die Politik, weshalb auch immer, manchmal nicht im Stand ist. „Hiermit geschieht Recht." War am Ende des „Extrablatt"-Beitrags zu lesen. *(Extrablatt, Wien, Mai 1981, S. 86f.)*

Tatsächlich hat Peter Handke mit der Übersetzung und der perfekten Vorstellungs-Inszenierung, während der der Handke-Kreisky-Lipuš-Termin in Wien nur der uneingeschränkte Höhepunkt war, gleichsam einen Aufschwung für die Kärntner slowenische Literatur eingeleitet. Auf einmal wurde weit über Kärnten und Österreich hinaus wahrgenommen, dass es in einem österreichischen Bundesland neben der deutschsprachigen noch eine weitere oder andere Literatur gibt. Die folgende Handke-Übersetzung der Gedichte Gustav Januš' war gleichsam Ausdruck einer Hochkonjunktur Kärntner slowenischer Literatur. Unbestritten ist, dass von der Arbeit und Promotion, die der damalige Star der deutschsprachigen Literaturwelt geleistet hat, so ziemlich alle Kärntner slowenischen Schriftstellerinnen und Schriftsteller profitiert haben.

Die Kärntner slowenische Literatur machen natürlich nicht nur die exemplarischen Autoren Gustav Januš und Florjan Lipuš aus, die ab der zweiten Hälfte der sechziger Jahre des vorigen Jahrhunderts wirksam geworden sind, weshalb etwas weiter zurück zu blicken ist.

Die Zeit zwischen dem Ersten und Zweiten Weltkrieg hat die Literatur an den Rand des Verstummens gebracht. Nach dem Jahr 1945 war ein völliger Neuansatz notwendig, wobei sich der Hermagoras Verlag/ Mohorjeva založba in Klagenfurt große Verdienste erwarb, indem er nach einer zwanzigjährigen Unterbrechung wiederum slowenische Bücher veröffentlichte. Auch heute ist der Verlag besonders verdienstvoll, zumal er quantitativ gesehen die meisten slowenischen Titel in Kärnten herausgibt. Mittlerweile haben sich neben der Hermagoras aber auch der Drava Verlag und der Wieser Verlag akzentuiert verankert.

Eine Erschwernis der literarischen und kulturellen Entwicklung hat sich aus der Polarisierung der Kärntner slowenischen Öffentlichkeit ergeben. Eine - nicht weit ausholende - Definition könnte besagen, dass es eine traditionalistische und eine eher modernistische Ausrichtung gegeben hat. Zur Konkretisierung dieser Beschreibung kann man auf beispielhafte Autoren hinweisen. Zur Tradition gehörten etwa Mirko Kumer, Kristo Srienc und in Ansätzen Valentin Polanšek. Hingegen zählten zur weiteren Gruppe mit einem völlig anderen Literaturkonzept Florjan Lipuš und Janko Messner. Messner ist vor allem mit gesellschaftspolitisch engagierten und funktional politischen Texten hervorgetreten. Lipuš aber hat sich zu einem herausragenden Belletristen entwickelt, der mehrfach ausgezeichnet wurde.

Zu den jüngeren Prosaautoren zählen Jože Blajs, Martin Kuchling und Kristijan Močilnik, wobei auffallend ist, dass ihre Schreibweise aus gesellschaftskritisch engagierter und ästhetisch ambitionierter Sicht beträchtliche Unterschiede aufweist.

Auffallend ist ebenso, und zwar besonders aus literatursoziologischer Sicht, dass es unter den Kärntner slowenischen Autoren verhältnismäßig wenige Prosaschriftsteller gibt. Die Zahl der Lyriker ist jedoch beachtlich.

Die Kärntner slowenische Lyrik ist ohne den Kontext der gesamtslowenischen Literatur im Eigentlichen nicht denkbar. Auf die slowenische Literatur haben nach dem Zweiten Weltkrieg verschiedene Einflüsse eingewirkt. Der Realismus, Existenzialismus, Strukturalismus, Konstruktivismus, Ludismus und später die Postmoderne überwiegen. Ein wesentlicher Unterschied zwischen der Kärntner slowenischen und gesamtslowenischen Lyrik ist darin zu finden, dass in Kärnten der Kampf für die nationalen Rechte nicht nach dem Ende des Zweiten Weltkriegs beendet wurde. Er hat sich wahrscheinlich erst in den Neunzigerjahren beruhigt, als die beiden Vertretungsorganisationen der Kärntner Slowenen ihre strategische Politik in eine wechselseitige Gegnerschaft (!) umgeformt haben, worin ihnen die Literatur bisher nicht gefolgt ist und wohl auch nicht folgen wird.

Eine hervorstechende Lyrikerin ist – die im Jahr 1902 geborene und 1997 verstorbene – Milka Hartman, deren Gedichte sich mit Religion, Liebe und ihrem Volk beschäftigen. Ihrer Generation gehört Anton Kuchling an. Der im Jahr 1936 geborene Andrej Kokot ist ein weiterer Fixautor der Kärntner slowenischen Literatur. Er ist der Dichter des Schmerzes und Schwermuts.

Gustav Januš ist wohl der relevanteste Kärntner slowenische Lyriker des vorigen Jahrhunderts. Der Vollständigkeit halber sei festgehalten, dass dieses multiple Talent neben seiner schriftstellerischen Tätigkeit auch als Maler bekannt ist. In die slowenische Literatur trat Januš anfänglich mit elegischer Stimmung ein, die bald ironische Nuancen gewinnt. Später entwickelt er eine Versifikation, die sich artifiziell an die Alltagssprache anlehnt, wobei überall ein bisschen die Satire durchblitzt.

Eine der größten Begabungen war zweifellos – der heute an der Universität Graz lehrende Wissenschaftler – Erik Prunč, der nur einen Lyrikband veröffentlicht hat. Die literarische Qualität dieses Buchs ist allerdings einzigartig für die Kärntner slowenische Literatur.

Diesen Lyrikern folgt eine Gruppe, die sich vor allem um die Literaturzeitschrift „mladje" formiert hat. Franc Merkač, Jani Oswald, Jožica Čertov, Maja Haderlap, Fabjan Hafner und Cvetka Lipuš sind die dazugehörigen Namen.

Ein auffallender Autor ist Jani Oswald. Seine Poesie kann man als Produkt der Postavantgarde mit starken Elementen des Experimentierens determinieren. Maja Haderlap formuliert das Spannungsverhältnis zwischen dem Dorf, aus dem sie stammt, und der Stadt, in der sie lebt. Fabjan Hafner ist ein leichtfüßiger und eloquenter Autor, der mit - einer clownesken Portion - Selbstbewusstsein überrascht. Cvetka Lipuš hat ein ausgesprochenes Gefühl für den erotischen Klang und Wert von Worten.

Zu den Autoren der jüngsten Generation, auf die hinzuweisen ist, zählen Rezka Kanzian und Tim O. Wüster.

Die slowenische Literatur in Kärnten hat nach dem Zweiten Weltkrieg ihren klaren Lebenswillen gezeigt. Heute ist sie eine emanzipierte Literatur ohne jedweden Provinzialismus. Und etwas Anerkennenderes könnte man über eine Literatur nicht feststellen.

19. Nachweise

Der personifizierte Artikel sieben
Extrablatt, Mai 1981, S. 86–87.

Das Recht auf Bevorrechtung
Die Presse, 11. Jänner 2020, S. 28.

„Es gibt eine Geographie des Menschen"
Michael Maier/Janko Ferk (Hrsg.): Die Geographie des Menschen. Gespräche mit Peter Handke, Reiner Kunze, Carl Friedrich von Weizsäcker und Leonardo Boff. Edition Atelier, Wien 1993, S. 7–29.

Peter Handkes „Wunschloses Unglück"
Addendum. Gespräch mit Hans Widrich, vornehmlich über Peter Handke
Janko Ferk: Mein Leben. Meine Bücher. Erzählung. Limbus Verlag, Innsbruck – Wien 2022, S. 31–50.

Muttersprache
Wiener Journal. Das Magazin der Wiener Zeitung, 8. Mai 2004, S. 3.

„So machen Sie doch, was Sie wollen!"
Die Presse, Spectrum, 30. November 2002, S. VI.

Keine nacherzählbare Geschichte
www.literaturhaus.at/index.php?id=8862/ 28.04.2011.

Der (nicht)fotografierte Handke
www.literaturhaus.at/index.php?id=9120/ 08.09.2011.

Der vierte „Versuch"
http://www.literaturhaus.at/index.php?id=9666/ 15.10.2012.

Eine Geschichte für sich
http://www.literaturhaus.at/index.php?id=10229 21.10.2013.

Eine einfache Fahrt ins Landesinnere
http://www.literaturhaus.at/index.php?id=11816 20.12.2017.

Eine Geschichte, die er noch keinem erzählt hat
https://www.literaturhaus.at/index.php?id=13132 01.04.2021.

Zwei Bücher zum hohen Geburtstag eines Meisters
https://www.literaturhaus.at/index.php?id=13709 06.12.2022.

Gustav Januš verwandelt Worte in Farben
http://www.literaturhaus.at:80/buch/buch/rez/Janus_Gedichte/ 06.10.2009.

Es gibt den ungeheuren Anderen
http://www.literaturhaus.at/index.php?id=9776 13.02.2013.

Hiermit geschieht Recht
Die Furche, 12. Mai 2005, S. 13.